社長
引退勧告

1年以内に次期後継者を
決めなさい

藤間秋男
TOMA AKIO

幻冬舎 MC

社長引退勧告

～1年以内に次期後継者を決めなさい～

はじめに

「社長の年齢が60代の中小企業のうち、約半数は後継者が決まっていない」――中小企業庁が発行している「中小企業白書（２０２０年版）」のデータです。

事業を引き継ぐ人間がいないということは、たとえ事業が安定していても、廃業の道を選ばざるを得ない会社も存在するということです。そんな状況のなかで活発化しているのが、M＆A――企業買収です。そしてこのM＆Aを仲介する業者が今、中小企業の存続を脅かしています。一部のM＆A仲介業者では、帝国データバンクなどから中小企業の情報を抽出し、例えば60歳以上の方が社長に就いている会社に片っ端から連絡を取り、「あなたの会社、このままで大丈夫ですか？」「M＆Aをぜひご検討ください」と営業をかけているとも聞きます。

ただ、このようなセールストークに惑わされて安易にM＆Aに頼ってしまうことほど、会社にとっての不幸はありません。

M＆Aで会社を売却して、社長の手元にまとまった現金が残る。ここまではいいでしょう。しかし、残された社員たちはどうなるのでしょうか。売却先が社員を大切に扱ってくれるところであればいいのですが、必ずしもそうとは限りません。業績が伸び悩んでいて、将来性が見込めないと判断するやいなや、会社を畳み、空いた土地や建物を使って新しい事業を起こすこともあり得るのです。これまで働いていた社員が引き続き、新しい会社にもい続けられるという保証はありません。利用されていたお客さまも、会社がなくなって不便を感じてしまうかもしれません。

M&A自体は決して悪いことではありません。しかし、残された社員たちとその家族、さらにはお客さまの人生を左右する選択であることを、社長は忘れてはならないのです。

ですからM&Aは、「後継者をくまなく探したけれど見つからない、育てようとしたけれど厳しい、社長も70歳を超える高齢だ、もうこのままでは廃業の一途だ！」という窮地に立たされたときの最終手段と考えるべきです。

では、M&Aを決める前に、どうすればよいのか。

私は、財務業務を中心に、経営コンサルタントや労務、法務、業務改善、そして国際化など、会社経営の必須項目をトータルサポートすることを強みにし、多くの中小企業をコンサルティングしていいます。コンサルティングをしていくなかで、社員育成のアドバイス、後継者探しのお手伝いもたくさん経験しており、事業承継において全国ナンバーワンレベルを自負しています。

その経験を踏まえてはっきりといえるのは、社員が自ら考え動いて成長していく仕組みをつくっていれば、社長は日々の業務と並行して後継者探しと育成に注力でき、M&Aをせずとも、憂いなく社長を退き、円満な事業承継を達成できるということです。

その実践的な社員・後継者育成のアイデアを知っていただき、あなたの会社を今日から100年続くほどの盤石な会社にすることが、本書の目的となります。

「うちは創業して間もないし、まだ社員の少ない会社だから」と思ってはいけません。たとえ従業員の数が10人未満であっても、将来を見越して今から心掛けていくことが重要です。創業後の早い時期から、事業承継を見越した社員・後継者育成を実践することが、長生き企業の秘訣であり、不測の事態にも柔軟に対応できる屈強な企業を築き上げます。

この本を通して、事業承継の仕組みづくりや後継者の育て方を理解していただき、100年企業創りの礎を築いていただけたら著者としてこれほどうれしいことはありません。

目次

第4章 後継者を育てられない社長は、無能と思え！ 1年以内に後継者を決めて会社を強くせよ

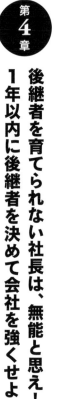

第5章 社長の覚悟が引退後の会社の未来を切り拓く!

第1章

「後継者がいない、育たない」は、ただの言い訳 M&Aに逃げる経営者たち

愛のないM&Aは社員を不幸にするだけ！

「最短最楽の事業承継」かもしれませんが……

帝国データバンクの集計によると、２０２０年12月末時点での会社社長の平均年齢は、60・1歳に達したそうです。60歳を超えたのは１９９０年の調査開始以来、初めてのことです。

社内トップ陣の高齢化が進み、若返りを狙った事業承継もうまく事が運ばず、老化を原因とした廃業へまっしぐらな会社が、日本国内でそこかしこに存在しているのです。

そんな背景もあって、最近は事業承継の一つのスタイルとして企業買収、M&Aが活性化しています。

M&A仲介業者が会社を客観的に評価し、条件に見合った買い手を探し、マッチングしてくれるのがM&Aの主たる流れです。売り手である社長は仲介業者と買い手との三者間で協議し、交渉成立となれば晴れて会社を売却することとなります。

M&Aにはさまざまなメリットとデメリットが考えられます。

まずメリットですが、社長にまとまったお金が入るのが第一の利点です。さらに会社を解散させずに事業の移行ができるので、雇用を維持できます。また、規模の大きな会社に買ってもらうことで、いわゆるシナジー効果が狙え、事業の発展が期待できます。

廃業にともなう煩雑な処理手続きも回避できるので、M&Aは非常に理にかなった、最短で最楽な事業承継といえます。

しかし、一方で、M&Aにはデメリットも考えられます。その最たるものは「残された社員が不幸になってしまうかもしれない」という懸念です。

「売れればなんでもいい」という仲介業者もいる

M&A仲介業者は、M&A成立時に手数料を取ることで利益を得るのが一般的です。なかには「とにかく売って、手数料を稼いで、あとは知りません」という悪しきスタイルの業者もあり、これがM&Aで発生するトラブルとして問題視されています。

私が見聞きしたケースを紹介しますと、あるA社の社長は自社の売却を決め、M&A仲介業者に相談しました。条件に合った買い手のB社が見つかり、売買は成立、「元社長」にはまとまったお金が入り、M&A仲介業者は手数料を受け取り、A社はB社の子会社となりました。

さて、問題は残された社員たちです。彼らはそのままA社で、前社長のときと同様の業務と報酬が約束されていました。

前と同じような待遇で仕事に専念できると安心していたのも束の間、社員は予期せぬ事態に遭遇することになりました。なんと親会社のB社から、人事異動で役員が次々とA社へ送られてきたのです。

これはいわゆる「天下り役員人事」というもので、出世レースに敗れた、親会社での役目を失った役員たちが子会社へ追いやられてくるという、子会社にとってははた迷惑な人事でした。

親子関係にありますから、子会社であるA社は当然、この人事を受け入れるしかなく、親会社から流れてきた、会社のことも社員のことも知らない人物に、渋々ながら社内の重役に就いてもらうことになります。

この事態によって困ったことになるのは、A社に長年勤めてきた社員たちです。親会社からきた人物が上役の椅子を横取りしていくのですから、彼らは出世の望みを絶たれたも同然ということになります。

買収前なら、夢と希望を抱いて会社のために貢献し、会社の規模が大きくなっていくとともに、自身も出世していくという明確なイメージが描けていたはずです。そのイメージは、M&Aとともに脆くも崩れ落ちてしまったのです。

このような、親会社の人事問題解消のために、買収で子会社化したところを人材のお払い箱にするケースが、M&A活性化の裏で一つの問題として浮き彫りとなっています。

買収後も定年まで会社に居続けられるならまだしも、M&Aが成立した別の会社では、業績が芳しくないからという理由で、買収して早々に古参の社員たちにリストラを宣告したところもあります。

働き方が一変して苦しい思いをするケースもあります。買収時、買い手の親会社は「うちは口出ししません、以前のやり方を尊重します」と話していたにもかかわらず、蓋を開けてみたら口出しが多く、経営や組織体制にメスを入れ、労働条件の悪化を招く結果となってしまいました。納得いかない社員たちは泣く泣く辞表を出すか、上からの圧力に我慢する日々を強いられることになります。

このような悲劇に見舞われたら、残された社員たちは、M&Aを決めた元社長を心底恨むことになります。

元社長はお金がもらえて満足でしょうし、M＆A仲介業者も仲介手数料がもらえて幸せかと思います。でも残された社員は、大不幸です！

そのため、売り手である社長は慎重に慎重を重ねなければなりません。会社を存続させることは叶っていても、社員が不幸を背負うことになってしまっては、事業承継などできていないに等しい話です。

基本的には「愛のあるM＆Aなんてない」と思って、交渉に臨むべきです。社長はM＆A仲介業者のうまい話に乗せられることなく、最後まで愛を持って、「このM＆Aは、本当に社員たちにとって幸せになるのだろうか」と熟慮しながら、M＆Aを検討すべきです。

実は「土地が欲しかっただけ」というケースも

もう一つ、悲しいM＆A事例を紹介します。

下町の工場がM＆Aをしました。数ヵ月後、工場は閉じられ、そこではマンションの建設工事が始まりました。

買い手は不動産会社だったようです。単に工場の広大な土地が欲しかっただけで、買収した事業や人材に興味などなかったのです。まったくもって、事業承継の体をなしていいないM&Aです。

工場で働いていた人たちは、退職金をきっちり出して辞めてもらったのかもしれません。あるいは、再就職先を手配したのかもしれません。元社長に見放され、買収直後にさっさと追い出され、社員たちは惨めな気持ちになっていると思います。

いずれにしろ、この買い手は、残った土地の運用が狙いだったわけです。会社そのものがなくなってしまい、手放した元社長はどのような思いだったのかも分かりません。こうなることが分かっていれば、M&Aはとどまっていたかもしれません。

このような例も考えられるのですから、残された社員の幸せを考えながらM&Aをするのであれば、売り手に「買収後、会社をどのように経営していくのですか」と確認するべきです。「買収後のことは、あなたには関係ないから」というような返事をされるところには、事業承継するべきではありません。ここで紹介したような悲しい結末が待っているだけです。

後悔するM&A、後悔しないM&A

M&Aは会社存続の最終手段と考えるべし

私は決してM&Aそのものを否定しているわけではありません。

事実、私からお客さまへM&Aをご提案することもあります。しかしそれは、何度も後継者探しをしたけれど候補者が見つからず、社長が70歳を超える年齢で、後継者を育てる時間も残されていない、という極限状態の瀬戸際、最終手段としてのご提案です。

当社でM&Aを進める際は、ただ単に条件を満たした買い手を探すのではなく、残された社員の方々が不幸を被ることのないよう、取引実行後のサポートも徹底しています。

例えば、買収した親会社と買収された子会社との間のギャップを埋めて、関わる人すべてにとっての幸福なM&Aを目指します。給与体系や理念や人事制度などをすり合わせ、客観的な立場から支援アドバイスを行います。

M&Aをする際はこのように、残された社員の幸せを考えてくれるところに委託するのが絶対です。決して買収価格など表面的な条件だけに踊らされて、業者にいわれるがままに買収を決めてはいけません。

タイミングを間違うと悲劇

M&Aは最終手段と申し上げましたが、決断を後回しにしたために悲劇に見舞われるというケースもあるので、この点にも気をつけなければなりません。

そもそもM&Aは、販売商品となる会社や事業そのものに価値があって、初めて交渉が成立するものです。

ある会社の社長はすでに70歳を過ぎており、後継者候補もおらず、現在の事業規模では、業績は低下する一方でした。

あまりM&Aを推奨しない私も、このときばかりはM&Aを第一に提案しました。社長も了承し、私のほうで買い取ってくれる買い手候補を見つけてご紹介したのです。

ところが、先方との間で折り合いがつかず、買収は破談となってしまいました。私としては「各条件は希望を満たせているのに、なぜ」という気持ちが消えなかったのですが、社長としては「もっとふさわしい買い手を見つけたい、それまでは私が切り盛りしていく」という意向でした。社長なりのこだわりがあったようです。

その一年後、また相談に来られました。「やっぱりM&Aをしたい」と言うのです。

このときすでに、会社の業績は去年よりかなり下がっている状況で、おまけに多額の借金も抱えてしまっていました。事業の先行きは見通せない状態で、返せるあてなどありません。つまり、会社の価値はゼロどころかマイナスなのです。M&Aしたら、もれなく借金というおまけもついてくるのですから、買い手が出てくるはずがありません。

残念ながら、もう諦めるしかありません。破産を待つだけです。そして残るのは借金だけです。保証人となっていた社長は多額の負債を背負うことになります。「一年前に売っていれば」と思っても後の祭りです。

M&Aはタイミングを逸してしまうと、このような結末となってしまうこともあります。逆に売った直後に時代の波が来て、事業が一気に大きくなることもあります。「もうちょっと我慢してから売れば、もっと高い金額で売れたのに」と後悔することも考えられるわけです。

M&Aするにしても、タイミングは見極めないといけません。売り時を見誤らず、ときには「まだ売るには早すぎますよ」と提案してくれるような、会社の価値を真っ当に評価してくれるM&A仲介業者を探すことが大切です。

事業の一部を売る方法もある

M&Aで後悔しないためには、たくさんの選択肢を用意するべきです。

相談先はもちろんのこと、M&Aの種類も十分に検討したいところです。

例えば、会社を丸ごと手放すのではなく、展開している事業の一部を売却するのも一考の余地があります。

ある会社では、社長が引退し次の世代へと引き継いだのですが、手広くやっていく事業スタイルは新社長の手に余る様相でした。経営はにわかに傾き始め、社員からの不満も募ることとなってしまいました。

「事業承継後、どうも経営がうまくいかない」というご相談があり、私から事業の一部売却をご提案しました。これが社長にとっても、そして社員にとっても、最善の策だと感じたのです。

結果、新社長は事業を売却し、経営可能な事業だけを残すことにしました。会社が負債だらけになる前に事業を売却できたので、クライアントからは非常に感謝される一件となりました。

もしあのまま経営を続けていたら、いずれ破産の道をたどり、誰も幸せになれない結末となっていたことでしょう。

このように、受け継いだ社長の能力に合わせて事業をリサイズする、その手段としてM&Aを採用するというのは、理にかなったベストな選択だと感じます。社内で行う事業承継と、社外に託す事業承継、二段階の事業承継です。

M&A仲介業者の多くは高い手数料を狙っています。なるべく大きな規模で売りたいので、会社丸ごと売ることを前提に提案してくるところも珍しくありません。「会社の一部だけを手放すという方法も考えられます」「売却のメリットとデメリットを整理してから決めましょう」など、会社全体の売却にとどまらず、選択肢を広く用意してくれるところが信頼できる業者です。

M&Aの前に挑戦したい正統な事業承継プロセス

「残すべきものはお金なのか?」

ここまで事業承継の一つであるM&Aについて、社員が不幸になってしまう事例や後悔しないためのポイントなどを説明しました。

事業承継は、M&Aに安易に走るのではなく、社内で正統なプロセスを経て、じっくり時間をかけて成し遂げてほしいものです。

実をいえば、私のところにも、以前アメリカの大手会計事務所からM&Aの話が舞い込んできたことがあります。当時の私は60代に差し掛かっていて、後継者探しに余念が無いころでした。その情報をキャッチしての打診だったと思われます。

その買収金額たるや、相当の額でした。これまで頑張ってきた成果を、目が丸くなるような金額で提示していただけたことは、なんとも報われる思いを抱いたものです。

しかし額面を前にして、冷静になって自分自身に問いかけたのです。「残すべきものはお金なのか?」と。

社員みんな一丸となり、一生懸命頑張ってここまで大きくしてきた会社です。

一緒にやってきた同志のことを考えず、お金だけもらって、本当にそれでいいのだろうか。

お金はお墓に持っていけるわけではありません。お金を残すよりも、もっと大切なものを残すべきではないか。本当の幸せはお金にはないはずだ。

そのような結論にたどり着きました。

結果、私はM&Aを断り、事業承継のための後継者探しにさらに力を入れ始めたのです。それでももし後継者が見つからず、私の年齢が70を過ぎてタイムリミットが迫ってきたときは、改めてM&Aを考えようと決めました。

「後継者がいない、育てていない」はただの言い訳

「事業承継をしたい」と私のところへ相談される社長にお会いしたとき、まず私はこのようにお聞きしています。

「社長、後継者の候補はいますか」

相談に来られるくらいですから、多くの方がこの質問に「ノー」と回答します。そこで次の

質問です。

「では、後継者の候補が見つかるよう、具体的な施策や、社員の育成を実践していますか」

これに関しては、「ノー」と答える社長もいれば、「自分なりにやっている」「やろうとはしている」などと答える社長もいます。

加えて社長から、次のような「言い訳」もついてきます。

「毎日の社長業が忙しくて、後継者を見つけたり、育てたりする時間が確保できていない」

このようなことを言っている時点で、社長失格です！　面と向かってそのようには申し上げませんが、私は即座に「ではこれから、1年以内に後継者を決めるための計画づくりを始めましょう」とご提案します。

本来、後継者を育てたり、社員を育てたりすることが、社長の本業なのです。ですから「いない、育てていない」と言い訳するのは、社長の怠慢であり、ただ社長の椅子に座っていただけのお飾り、あるいは会社のお荷物だったと自戒すべきです。

社長がまずすべきことは社員の育成です。育成がうまくいけば、会社は「継ぎたい会社」となり、社内外問わず後継者候補が自然と出てくるようになります。後継者の候補が絞れたら、今度は後継者が立派な社長になれるよう育成していきます。この流れをつくっていくことが、正統な事業承継であり、社長の主たる業務になります。

会社を変えたいなら、まず社長から変わること

事業承継がうまくいかない社長は、社長としてのあり方や考え方に問題があると思ってください。社員や後継者の育成に当たって、社長自身が、考え方を改め、行動を変えていかないといけないのです。

私もかつては社員がなかなか思うように育ってくれず、会社の業績に歯止めがかかってしまい、イライラのあまり社員に強く当たっていたこともありました。

その原因は、社員ではなく自分自身にあったと悟って以来、自分を変えるよう努力し、社長としてのあり方とやり方を見直し、自社を継ぎたくなる会社へと変えることができました。

私がコンサルティングしてきた会社の社長の多くも、問題の根本が社長自身にあることを、まったく理解できていませんでした。「社員が育つ前に辞めてしまう」「後継者候補が社長になることを辞退してきた」という嘆きを伝えてこられることがよくあるのですが、これは社員や後継者に問題があるのではなく、社長自身に問題があるととらえ、社長が改まるべ

きです。

社長、会社を変えたいのなら、まずは社長自身から変わりましょう！　それを覚悟し、本書を読み進めていってください。そうでなければ、円満な事業承継など成し遂げられないと思ってください。

会社を任せられる社員や後継者を育てる方法

まずはなんといっても、御社を継ぎたい会社、事業承継のしやすい会社にしていかないといけません。

では継ぎたい会社は具体的にどういうことかというと、「社員一人ひとりが生き生き楽しく働ける会社」ということになります。理想論ではなく、本気でそのような会社を目指し実現していく気勢が社長には必要です。

社長第一主義で、トップダウン式で社員をがんじがらめにしている社風では、社員は楽しく働けませんから、継ぎたくなる会社にはなれません。

トップダウン式全開の経営を即刻廃止し、社長は社員を信じて任せられるようにならなければなりません。

そのための第一歩が「経営理念」です。理念は会社を長く存続させるためには必須の存在です。

理念を確立浸透させ、社員を信じて任せられるようになると、社員は自然と成長していきます。この成長過程をより具体化そして可視化し、なおかつスピードを速める方法として「経営計画」があります。

経営計画は社員が楽しくやりがいを感じながら働けるツールとしても優れています。経営計画に基づいて社長を含めた全社員が成長していければ、連動して会社も成長を続け、将来性豊かでのびのび働ける継ぎたい会社へと変貌を遂げます。

理念の確立・浸透と経営計画の土台が整ったら、いよいよ後継者を探して見つける段階です。親族内承継や、社内外から後継者を見つけるパターンなど、さまざまな事例とともに紹介しつつ、御社にとっての後継者探しの最適解を見つけてもらいます。

◆バトンタッチの準備をするための社長の心得①

・M&Aは最終手段と心得よ！
・「後継者が見つからない・育たない」なんて言い訳するな！
・社長が変わらない限り、会社は1ミリも変わらない！

第2章

経営理念の浸透なくして強い組織は生まれない
ワンマン経営から脱却し承継に備えよ

承継できない企業最大の特徴は、「社長が独裁者タイプ」

人が定着しない企業は長生きできない

「社員がすぐ辞めてしまい困っている」

という相談を会社の社長からよく受けます。

給与や拘束時間など、諸々の労働条件は健全で、働きやすい環境を提供しているはずなのに、なぜか社員が定着してくれないというのです。人が離れてしまうと当然売上にも響いてしまい、たとえ事業自体が安泰で前途洋々の兆しがあっても、このままでは人材不足で倒産してしまいます。

そのような、一見すると「なぜ人が離れてしまうのだろう？」と首を傾げたくなる、不思議な悩みが寄せられるのです。

しかし、社長から詳しく会社の様子を聞き出してみると、社員が定着しない理由が明確となります。

「社長、あなた、独裁者ですよ！」

と、社長に主張したくなるのですが、心のなかで思うのみです。言ったところで、社長には独裁者の自覚がないので、まったく無意味であることを知っているからです。社長が独裁者タイプ。人が離れやすく、短命に終わってしまう残念な企業最大の特徴は、まさにこれなのです。

とある独裁者タイプ社長の場合

社員100人ほどのとあるメーカーでは、年々従業員数が減り、売上も下降気味です。このメーカー社長は、「社員に口出しせずにはいられない」という、典型的な独裁者タイプでした。社員が言うことやることにいちいち文句をつけ、自分の思いどおりに事が進まないと叱責の嵐です。

いかに社長から命じられたとおりに社員が事を進めていても、良い結果が出ていなかったら、社長は社員を叱りつけます。

「社長に言われたとおりにやっただけなのに」と、叱られる社員にとってはまったく面白くはありません。当然のことながら、社員が責任感を持って仕事に取り組むことはありませんし、ただただ社長の叱責に耐えるだけで、何の変化や成長もないまま、同じことを延々と繰り返すだけの業務になります。

とにかくこの社長は、自分の思いどおりにならないと気が済みません。ですから、社長を取り巻く役員連中は、社長の言うことに対してひたすら首を縦に振るだけの、イエスマンばかりがそろっています。

私は実際に役員会議の様子を見たことがあるのですが、会議のほぼ9割は、社長が発言し続け、取り巻きのイエスマンはしきりにうなずいているだけでした。まったく会議の体をなしていません。社長のご機嫌取り合戦です。

さらにこの社長、会社のことにいちいち口を出すわりに、普段は外へ出ていることが多く、名刺には「○○理事」「○○協会会長」などご立派そうな肩書きがずらりと並んでいます。これらの会合に忙しくて、ほとんど会社に顔を出さず、現場のことには無頓着です。社員たちに「全然会社にいないくせに、口だけはうるさい社長」と陰口を叩かれるのも無理はありません。

おまけに、売上は落ちていく一方というのに、お抱えの運転者がいるのですから、呆れたものです。支出を減らすならそういった削れるところから着手すべきなのに、社員のボーナスカットをまず決め込むのですから、社員の心は離れていくばかりでした。

私はこのワンマン社長にしきりに訴えてきました。「社長、独裁をやめて、もっと社員さんにとって働きやすい経営にシフトしてください」と。しかし社長は「絶対無理。私は、私がやりたいと思ったことを、社員にやってほしい」と譲りません。

「しかし、このままだと会社は潰れますよ」と忠告しても、「そんなことはない」の一点張り。そして決まって、過去の社長の成功話をひけらかすのです。それは社長にとってのたった一度の成功であり、私は耳にタコができるほど聞かされた話でした。背景にある100を優に超える失敗は都合よく忘れ去り、1の成功体験に縛られ続け、「俺に従わないやつは辞めてよし」というような独裁経営を続けているのです。

私の助言は一切合切突っぱね返されてしまいます。もう社長は高齢で、後継者は当然育っていません。いずれ社長が引退したら、自分で判断して動くことのできないイエスマン経営陣だけではどうにもなりません。遅かれ早かれ、倒産の道をたどることは目に見えています。

独裁を改めない限り長寿企業の仲間入りはできない

これまでの経験から、独裁者タイプ社長の共通点が見えてきました。

周りにイエスマンばかり置いて確固たる独裁経営を実現し、社外活動ばかりに精を出し肩書きはご立派、会社の現場を把握していないのに口だけは達者、業績低迷中でもお抱え運転手がいるなど金遣いが荒く、過去の数少ない成功話ばかり大げさに披露します。

あなた自身が、あるいは、御社のトップが、以上のような点を一つでも満たしているのなら、独裁者タイプである可能性が高いです。その下で働いている社員は日々不満を募らせているはずです。

たとえ今は業績が良好だったとしても、それは単に時代や市場が味方しているだけであり、長く続けていくだけの土台は構築できていません。会社の内側にある綻びを無視していたら、つまり社長の独裁を改善していなかったら、人離れは加速する一方で、短命企業の仲間入りを果たすことになります。

独裁者になってしまったのは、社員に任せられないから

「あるべき論」が社員のやる気を奪う

私はこれまで会社経営のコンサルタントとして、たくさんの社長と知り合ってきました。そして、自分が独裁者であることに気づかず、独裁経営を続けている社長が多いことを常々感じています。

実は、私もかつては独裁者タイプでした。自分がいちばん偉いと信じ込んで、社員の意見にはいっさい耳を傾けず、「こうするべきだ」という「あるべき論」を振りかざしてばかりいたのです。社員の提言をすべてひっくり返して、論破することに快感を覚えていた節もあります。今でいうロジハラです。

言うことやることすべて否定されるのですから、社員たちにとっては面白味もやりがいもいっさいない、最悪の職場だったに違いありません。

そのような強烈な独裁経営が祟り、当社の売上は低迷し、ついには副社長や部長などの幹部が、一斉に辞めるという事態に遭遇しました。

創業時からの苦楽をともに乗り越えてきた仲間たちに去られてしまうことほど、社長にとってつらく身に染みる出来事はありません。ここでようやく「自分が今までやってきたことは正しかったのだろうか」と自省するようになったのです。

我慢して任せることの意義

この、売上が落ち込み社員が去ってしまった時期というのは、創業してから11年目のことでした。それまで当社は、ずっと業績は上がり続けて、人員も増え続けていたのです。

なぜ、10年目までは順調な経営だったのか、それは、当時の私は青年会議所に入会していて、日中社内にいることがほとんどなく、あるべき論を振りかざす暇がなかったからです。会社のことはほとんど社員に任せきりでした。

といっても、完全に社長としての職務を放り投げていたわけではありません。早朝と夜には出社し、社員たちの報告をチェックし、仕事の管理を行っていました。

つまり、10年目までは、社長の私が不在で息の詰まる仕事場ではなかったため、社員はのびのびと働けて、業績は右肩上がりであったと推測できるわけです。

ところが10年目になり、青年会議所を引退して日中も会社に滞在するようになった途端、社員の言うことやることがいちいち気になってしまい、独裁経営にスイッチが入ってしまったのです。

窮屈な思いをしながら働くことを強いられた社員たちが、私の会社で働く意欲を失ってしまうのも仕方のない話でした。ここから当社は坂を転げ落ちるように、低迷期へと突入していったのです。

「そうか、10年目までは社員に多くのことを任せていたから、うまくいっていたんだ」

この真実に気づくまで、かなりの遠回りをし、仲間に離れられてしまうという手痛い経験もしました。しかしそのような経験を得たからこそ、今私は多くの方に親身になって、人の離れることのない強固な組織づくりの、本質的なアドバイスができているともいえます。

ここでの結論はただ一つです。会社を短命で終わらせたくないのであれば、いますぐ独裁者経営をやめるべきです。

あるべき論を叩きつけて社員の自由を束縛するのではなく、社員がのびのび働けるよう、我慢して任せられるようになることが望ましいです。

「うちには任せられるほどの人材がいないから、私が独裁みたいなことをやっている」という解釈は間違いです。任せられる人材を育てあげることが、会社の醍醐味であり、社長の重大な任務なのだと知ってください。

社員の行動を逐一監視し、意見をひっくり返すことが社長の仕事ではありません。「自分がつくった会社だから」と、思いどおりにいかないときにわがままを通すのも間違いです。

任せるだけでは頭打ち

すべて社長が責任を持ち、面倒を見切りたいという気持ちも、分からない話ではありません。

しかしそれでは、社員が育ってくれないのです。社員が育たない会社だと、会社の規模が大きくなるはずもなく、いずれは下降線をたどり、倒産へと至ることになります。ですから、社員を信じて任せられるようになりましょう。

とはいえ、任せきりもよくはありません。ある程度のところまではうまくいっても、いずれ頭打ちとなってしまいます。

私も、10年目までは基本は任せきりでしたが、朝と夜には必ず社内の現状を確認し、社長としての最低限の仕事をきちんとこなしていました。だからこそ、「ある程度のところ」までは伸びてこられたのです。

しかし10年目くらいになって頭打ちとなりました。それは、私の器がそこまでだったからです。私のチェック体制にも限界がありました。そこからは横ばいになることは必至だったのです。さらにそのタイミングで青年会議所を引退し、会社に本格的に腰を据えてしまったのは、会社にとっては最悪な出来事だったかもしれません。

日々の業務を社員に委ねて、社長が全体を細かくチェックする方法では、社長の目の届く範囲でしか会社を大きくすることができません。社長の器以上の組織にはなれないのです。

それでは、どのようにしていけば、社員たちに任せながら、社長の器以上に、会社を大きくしていくことができるのか。

大事になってくるのは、社員に任せられる仕組みづくりです。そしてその重大な役目を担うのが、本章の核心である、「経営理念」なのです。

息の長い企業にするために理念を受け継げ

理念に込めるもの

理念とは旗印のような存在です。行動の礎となる旗印が堂々と掲げられていれば、社長がいちいち指図しなくても、社員は自ら考えて行動することができます。社員は結果を出しながら成長していき、連動して会社の業績も上がり、長く続く企業としての盤石な土台が出来上がるのです。

つまり、理念をつくって、社内全体に広めていくことです。これが、社員を信じて任せ成長してもらうための必須条件となります。

理念は旗印に近いと申し上げましたが、まだ非常にあいまいで漠然としていて、具体的なイメージはわいてこないことでしょう。今はその状態で構いません。本章を通して、段階的にイメージを膨らませ固めていってください。

例えば老舗であれば、代々受け継がれていく家訓が理念に該当します。使命やミッション、ポリシーと呼ばれるものたちも、理念に近い意味合いです。

これらを束ねて、本書では理念と定義づけます。

理念には、会社の価値観や存在理由、目的などが示されます。また、創業者の湧き出る思い、大切にしたいことも盛り込まれます。

何のために創業したのか。何のためにやっているのか。あるいは、会社の個性や強みとは何なのか。それらを表現したものも理念です。

いずれにしろ、創業時の思いの詰まった言葉をきちんと具体化して確立し、社員に広めて浸透させていくこと。これが社員に任せられる会社づくりの第一歩なのです。

理念に従っていれば何をしてもOK

なぜ、理念が浸透していると、社員を信じて任せられるようになるのでしょうか。

例えば、1849年創業の海苔の老舗、株式会社山本海苔店は、次の言葉を理念としています。

「よりおいしい海苔を、より多くのお客さまに楽しんでいただく」

ホームページを訪問すれば、誰でも簡単にこの理念に出合うことができます。非常にシンプルで、会社の思いが伝わってくる理念です。

この理念に従っていれば、極端な話、山本海苔店の全従業員は何をしてもいいことになります。

開発に携わるメンバーは、おいしい海苔づくりに没頭すればいいですし、製造を担当するメンバーは、より多くの人に届けるため生産効率を上げていけばいいわけですし、営業に励むメンバーは、海苔を楽しんでもらうためのプロセスを考えて行動していけばいいわけです。理念がまさに一つの旗印となり、それを見上げながら、それぞれの社員が考えて動けるようになります。

そして当然ながら、理念に反することはできません。おいしくない海苔を提供することはもちろん、お客さまを減らしてしまうような行為は許されませんし、お客さまを楽しませることを怠ってしまってもいけないのです。

社長は、理念に反するような行為をする社員を見かけたら、咎めればいいわけです。それ以外では、社員はこの理念に従って行動してくれるので、社員に任せきりでもなんら支障はありません。社長が理念に込めたとおりの経営が実現できることになります。

このように、理念が確立・浸透されていると、社員は理念に近づこうという意識で、考えて動けるようになります。仕事に責任をもち、成功と失敗を経験しながら成長し、のびのびとやりがいを感じながら働くことができるわけです。

一方の社長は、理念を通して、いわば自動的に、各社員に然るべき課題を与えられるため、信じて任すことができます。究極のことをいえば、社長が業務にとやかく口を挟まなくても、勝手に会社の規模は大きくなっていくのです。

さらに極論をいえば、「理念そのものが間違っている」ということのない限り、理念の浸透さえしていれば、会社の存続が危ぶまれることなどあり得ず、会社は成長を続けられることになります。

実体験で学んだ「理念を甘く見てはいけない」理由

「理念なんて」と思うなかれ

ここまで、理念の定義と、理念の浸透によって社員を信じて任せられるようになるメカニズムについて説明しましたが、まだ「理念なんて、つくって広めて、本当に効果なんてあるものなのだろうか」と、半信半疑な方は多いと思います。また「うちは小さな会社だから、理念なんてつくらなくても思いは共有できる」と思っている方もいるはずです。

かつての私も、「理念なんて」と甘く見ている人間でした。一応理念は設定していたものの、ほかの会社のものを拝借し、社名の部分だけ自分のところにしただけの有り合わせ理念でした。理念のことなど軽んじていて、社員に浸透させることもいっさいしていなかったのです。

しかし、あるきっかけを境にして、自社にマッチしたオリジナルの理念を確立し、全社員への浸透を徹底させるようになりました。結果、「理念のおかげで、社員を信じて任せる組織づくりができた！」と身をもって体感することができたのです。

この実体験を通して、私は理念の大切さを心より感じ、当社では会社経営のトータルサポートを行うとともに、理念の確立や浸透のお手伝いにも、事業の一つとして、そしてクライアントの１００年企業達成のため、携わっています。

会社を社長の器以上にするための最適ツール

私が事務所を立ち上げたのは30歳のときでした。社員は私だけ、顧客はゼロからのスタートです。そこからコツコツお客さまを獲得し、人員も増え、10年後には社員が40名ほどの規模にまで拡大できました。

しかしここで業績が頭打ちとなり、ストレスが溜まっていた私は独裁的な経営を強め、幹部が一気に辞めてしまったことは、すでにお話ししました。おまけに金融機関の貸し剥がしにも遭ってしまい、いよいよ先の見えない危うい状況にまで陥ってしまいました。

なんとか現状を打破したかった私は、藁にもすがる思いで、いくつもの経営手法を考え、インプットとアウトプットを繰り返していく毎日でした。

そんななかで、松下幸之助氏のお弟子さんである、木野親之氏のお話をうかがう機会に恵まれました。氏は松下電器にて松下氏の経営手法を直々に伝授され、倒産寸前の東方電機の企業再生を成し遂げた、「松下幸之助イズム」を誰よりも受け継いでいるといわれるお方です。

その木野氏が、登壇の場でおっしゃった次の言葉に、私は雷にでも打たれた思いだったのを今でも覚えています。

「経営理念の確立と浸透ができれば、経営の5割は成功したようなものだ」

この言葉は、松下氏が最も大事にしていた格言の一つだったそうです。

衝撃でした。理念の確立と浸透で、経営は5割成功したものだなんて、にわかには信じがたい話です。

しかし松下氏の言葉というのですから、やってみる価値はありました。私は、まだこの時点であっても理念に対して半信半疑でしたが、やらずに事務所を閉じるよりは、やれることはなんでもやってみて、とことん粘ってやろうと決めていました。経営理念を指南してもらえる塾に通い、2年半から3年かけて、理念の磨き上げに専念したのです。

納得できる理念が出来上がったら、次は全社員に浸透させる段階です。心根に理念を染み込ませることができれば、社員は理念に基づいて発言し動いてくれるので、社長は信じて任せるだけでよいというのです。

私は、独裁者タイプの自分が表に出ないようコントロールしながら、とにもかくにも理念の浸透を徹底しました。

共感できず去る人、共感して入る人

果たして、理念の確立と浸透でどれだけの成果が得られたか。

まず目に見えて変化したことは、社員たちが働いている様子でした。

これまでは、独裁者の私に怒鳴りつけられないかと、冷や冷やしながら取り組んでいた日々の業務が、理念に基づいて自ら考え行動していれば、咎められないことが明確となったわけです。前向きにのびのびと取り組めるようになり、社員たちの士気は明らかに上がっていました。

ただその一方で、理念の確立に対してネガティブなスタンスを取る人もいました。「こんな理念には従えない」と反発し、会社を去っていってしまう人も少なからずいたのです。

しかしこれは会社にとって悪いことではありませんでした。理念に同調できないということは、いずれ理念に反した行動を執るかもしれないということです。大きなトラブルが発生する前に離れることができたのは、会社にとっても、その社員にとっても、良いことであったといえます。

離れていく人がいた一方で、理念に共感して新たに入ってきてくれる仲間もたくさんいました。会社の理念を把握したうえで入ってきてくれるのですから、浸透と日々の業務へのフィードバックもスムーズです。

「理念の確立と浸透で5割は成功したようなもの」という松下氏の言葉に嘘はありませんでした。理念の確立・浸透によって、理念に基づいた行動を執れる人材が集まり、信じて任せられる社員が自然と育っていく、理想的な会社へと成長させることができました。

「理念なんて」と思っていた私でしたが、このときにはもう「理念なくして会社の成長などあり得ない」という価値観に変わっていました。

会社は私の器以上の存在となり、40名で頭打ちとなっていたのが、理念浸透後に200名を超える組織へと変貌を遂げることができました。

理念の浸透のおかげで、社長を退くと決めた60歳のときには、私は会社の大部分を社員たちに任せきりにし、社長の大きな役目の一つである、事業承継のための準備に没頭することができました。うれしいことに、社長がほぼ経営にノータッチでも、会社は成長を続けることができたのです。

理念が浸透している会社は収益も大きい

理念が浸透していれば、社員を信じて任せることができます。任された社員は、理念に基づいて行動し、生き生きと自分と会社の成長を感じながら働くことができます。これが、会社を長く続かせる原動力となってくれます。

最後にもう一つ、以下のようなデータが出ています。

ジェームズ・C・コリンズらが永続企業の特徴を探った『ビジョナリー・カンパニー』に

よると、経営理念が確立・浸透されている会社は、経営理念が確立・浸透できていない会社に比べて、およそ6・7倍の収益があったというのです。

松下氏の言葉と私の実体験、そしてこのデータ、これだけの証拠が出そろっていれば、もはや「理念なんて」とはいえなくなると思います。

不祥事の起きやすい企業ほど理念が浸透できていない

理念浸透が弱いと代替わりでしくじる

理念というものは、単に社長が社員を信じて任せられるようになるだけでなく、ほかにもさまざまなメリットを会社にもたらしてくれます。

当社内で理念を浸透させていくなかで、そして多くの会社の理念をともに考えて浸透をお手伝いしていくなかで、「理念の浸透ができていない会社ほど、社内での不祥事が起こりやすいのではないか」と感じるようになりました。

とあるメーカーで、会社を子どもに継がせた直後に業績が悪化し他社に買収されたところがあります。買収とともに2代目は、社長としての経営能力に欠けているという判断で追放されました。この事態はマスコミにもたびたび取り上げられ、世間を賑わし、同社の信用を著しく低下させる不祥事となりました。

なぜこのようなことになったのか。原因は非常にシンプルな話で、先代から後継者である子どもへ、正しく理念の引き継ぎが行われていなかったのです。

そのメーカーは先代のころ、高級志向で、ターゲットを高所得者層に絞り、顧客一人ひとりと長く太く付き合っていくことを大切にしていました。これを理念の基盤としていたのです。

ところが子どもが社長になった途端、その理念は覆されました。「高級志向は古い」といわんばかりに、安値のものをつくるようになり、これまで大事にしてきた顧客を裏切るかのような、180度反対の方針へと舵を切ったのです。

私は後継者の急な方針転換を見聞きした直後、この会社のホームページを確認しました。案の定、そこには会社の理念など一つも書かれていませんでした。おそらく、会社のパンフレットにも、オフィス内にも、また朝礼や会議での社員たちの集まりでも、理念を確認し合うことはなかったのでしょう。社員に「御社の理念は？」と尋ねても、誰も答えることはできなかったと思います。

事業承継の際に、先代から後継者へ理念の引き継ぎが正しく行われず、理念の旗印をへし折るようにして後継者が急な方針転換を行えば、社員は目指すべきものを見失い、何を信じて動けばいいのか分からなくなってしまいます。これまで長く付き合ってきた顧客も、突き放された気分で、もうこの会社からはいっさい商品を買いたいとは思いません。

一方で2代目は「改革をしろ、売上を伸ばせ」と尻だけ叩くのですから、社員離れも顧客離れも加速し、ひたすら倒産へ向けて突っ走ることとなります。

この事例の根本の問題というのは、先代が理念を確立しただけで、きちんと浸透させていなかったことにあります。先代から後継者へ正しく理念が引き継がれていたら、既存の顧客を大切にする経営は継続され、社員も引き続き理念を信じて仕事に励むことができます。仮に後継者に先代ほどの経営能力がなかったとしても、倒産寸前の買収劇という惨めな結末を、迎えることなどなかったと思います。

「気持ち悪くて不正なんてできない」が理念の真骨頂

会社の抱えるリスクの一つである「社員の不正行為」も、理念の浸透によって最小限に抑えることができます。

また一つ悪例を紹介します。具体的な店名を挙げることは控えますが、以前、とある飲食店で、客の食べ残しを使い回すという考えられない不祥事が発覚し、世間を賑わせました。これもまさしく、理念が従業員に行き渡っていなかったために引き起こされた不祥事であるといえます。

もし、この飲食店に「お客さまに本当においしいものをお出しする」という主旨の理念があり、従業員全員に浸透できていれば、食べ残しを使い回すという不正行為など、絶対に気持ち悪くてできるはずがないのです。

もし仮に不正行為をしてしまったら、従業員は理念を唱和したり、目にしたりすることに拒否感を抱かずにはいられなくなります。理念に反した自分を戒め、自ら白状し、金輪際やらないと誓い改心してくれたはずです。あるいは、理念に拒否感を見せる様子から、周りが早い段階で不正に気づけたかもしれません。いずれにしろ、不正が常習化する前に、問題を終息させることが叶ったことと思います。

　このように、正しく理念の浸透ができていれば、全従業員は理念に反する行為ができなくなります。

　運送業なら、「安全にお届けする」という主旨の理念が盛り込まれ浸透できていれば、荷物を雑に扱うことはないでしょうし、金融業なら、「お客さまの資産を大切に管理運用する」旨の理念を確立し浸透していれば、横領することなどできなくなります。

「いやいやそんなことはない。理念があっても、不祥事を起こしているところはたくさんある」

という反論もあるでしょうが、それは理念があるだけで、浸透ができていないのです。世の従業員による不正行為が起きている会社のほぼすべては、理念の浸透ができていないために、そのようなことが起こってしまっているのです。きちんと統計を取ったわけではないですが、これまで多くの会社経営のコンサルティングをしてきて、この考え方はほぼ間違いないと確信しています。

　不正行為の防止策として、詳細な誓約書を交わしたり、重い罰則を設けたり、監査機関に依頼するなど、いくつものリスクヘッジがありますが、なによりもまずは理念の浸透からです。社員の価値観を理念で動かすことができれば、不正行為など気持ち悪くてできなくなるのですから、これほど有効な防止策はありません。

理念の確立と浸透、8個のポイント

当社の理念を例に解説

当社は、多くの会社で、理念の確立と浸透のアドバイスに携わってきました。

加えて、たくさんの会社の「自社に合った理念をつくりたい」「理念浸透の方法を知りたい」という社長のリクエストにお応えし、経験を積み重ねてきていますから、当社の理念確立・浸透のノウハウも、相当にブラッシュアップされたものになっています。

そこで、当社の理念の変遷を例にしながら、理念の確立と浸透について、ポイントを詳しく説明します。

1996年「TOMAグループはお客さまを愛し、繁栄を願い、社会に貢献できる、総合コンサルティング・プロ集団を目指す」

1998年「TOMAグループは、お客様を愛するプロ集団として社会に貢献する」

2000年「我々TOMAグループは、お客様と共に成長・発展する専門家集団として社会に貢献する」

（このころに、理念塾に通い始めます）

2004年「明るく・元気に・前向きなTOMA GROUPは、一流専門家集団としてお客様と共に成長・発展し、共に幸せになり、共に社会に貢献します」

2007年「明るく・元気に・前向きなTOMA GROUPは、本物の一流専門家集団としてお客様と共に成長・発展し、共に幸せになり、共に社会に貢献します」

2009年「明るく・元気・前向きなTOMA GROUPは、本物の一流専門家集団としてお客様と共に成長・発展し、共に幸せになり、共に社会に貢献します」

2011年「明るく・元気・前向きなTOMAコンサルタンツグループは、本物の一流専門家集団として社員とお客様と共に成長・発展し、共に幸せになり、共に地球に貢献します」

2012年「明るく・元気・前向きなTOMAコンサルタンツグループは、本物の一流専門家集団として社員・家族とお客様と共に成長・発展し、共に幸せになり、共に地球に貢献します」

2014年「明るく・楽しく・元気に・前向きなTOMAコンサルタンツグループは、本物の一流専門家集団として社員・家族とお客様と共に成長・発展し、共に地球に貢献します」

2016年「『明るく・楽しく・元気に・前向き』なTOMAコンサルタンツグループは本物の一流専門家集団として社員・家族とお客様と共に成長・発展し　共に幸せになり　共

に地球に貢献します」

1 よく口にするポジティブな言葉で編む

理念には創業時の思いや会社の強みを込めるのが基本です。そこでまずは、社長自身がよく口にする言葉から、理念づくりの着想を得るようにします。

当グループの創業者である私は会計士です。しかし、学生時代勉強は本当にできず、数字計算は今も苦手で、会計士としてはどうしようもない成績でした。

一方で、いつも元気で、明るさや前向きさについては誰にも負けないという自信がありました。会計事務所というと少しドライというか、極端にいえば暗いイメージがある業界で、当社は明るく元気に前向きであることが強みであると感じましたし、これこそが幸せになるための法則であると信じていました。社員にも「もっと明るく元気に」「前向きにやっていこう」という言葉をよく投げかけ鼓舞していました。

そこで、私が通っていた理念塾で理念を学んだあと、「明るく」「元気に」「前向きな」という、ポジティブでいかにも私らしいワードを入れたのです。

このように、社長自身がよく口にするワードから、理念の材料を集めることからスタートします。

ネガティブな言葉ではいけません。必ずポジティブなワードになるようにします。マイナス発想の、例えば「石橋を叩いても渡るな」というような類のものはいけません。理念を見た多くの人が共感でき、「この理念の会社ならともに頑張っていきたい」とエネルギーをもらえるワードを選ぶことが大切です。

2 業種業務を限定する

理念に散りばめられた言葉そのものは普遍的であり、あえて難しい言葉を使う必要はありません。しかし、無難な言葉を並べすぎて、具体性に欠けてしまうようなものもあまりよくありません。

例えば「お客さまの悩みを解決する」という主旨では、どのような業種や業務であっても通用するありふれたものになってしまいます。オリジナリティも欠けています。

もちろんこのような理念であっても問題はないのですが、理念に従い行動する社員たちにとっては、どこを向きどう動けばいいのかが、より明確であるほうが望ましいです。

そこで、迷いなく動けて成長できるよう、より業種や業務内容を限定するのです。

理念で業種業務を限定させることで、より業績を伸ばせた例もあります。

あるメーカーは、もともとは広く製品の受注制作を請け負っていたのですが、扱う製品を医療だけに限定し、「医療に特化した」という主旨を盛り込んだ理念をつくりました。結果、数年後には、世界でも有数の医療に特化したメーカーへと成長を遂げたのです。業務を医療に限定せず、広く製品をつくり続けていたら、世界に名を知られるほどの企業には成長しなかったと思います。

当社の理念でも「一流専門家集団」という業種の限定をしています。専門サービス業に属する財務関係や法律関係や経営コンサルタント以外の事業を、当社で行うことは、理念に反することなのでできません。

業種業務の限定は、社員全員のベクトルを絞って、同じ方向へと全力ダッシュで向かわせる目的においては、非常に効果的です。当社であれば、「私たちは一流専門家集団である」という意識の高まりが、より社員の志を高め、より成長へとつながるようにすることができるのです。

3 大切にしたい「幸せ」と「貢献」

「お客さまファースト」とか、「お客さま第一主義」とか、あるいは「お客さまは神様です」といった言葉を理念とし、浸透を徹底させている会社がありますが、これはお勧めできません。

もちろん、お客さまの幸せを願うことは大切なことですが、お客さまの幸せだけを願う会社は、長く続く会社にはなりにくいのです。なぜなら、お客さまの幸せを求めるばかりに、社員の幸せを犠牲にしていることがあり得るからです。社員が定着してくれず、成長のない会社になってしまいがちです。

ですから、お客さま第一主義の発想を持っているなら、ただちに切り替える必要があります。

まずは社員と、社員の家族が幸せになるようにする。社員は、自分が幸せであれば、お客さまの幸せのためにも全力で動けます。社員を幸せにできなければ、社員にもお客さまにも、長く愛され支えられる会社にはなれません。

この発想に基づいて、理念にも盛り込んでいきます。

つまり、「社員の幸せ」と「お客さまの幸せ」を、理念のなかに、なんらかの形でセットで取り入れたいということです。

当社の理念も、最初は「お客さまを愛する」とお客さまにだけ照準を絞ったものにしていました。しかし先ほどの発想に至ったことで、「お客さまと共に幸せになる」旨の理念へと変更し、最終的には「社員・家族とお客様と」と明確化しています。

幸せと並んでもう一つ必ず盛り込みたいのが「社会貢献」です。会社の事業によって、社会にどのような貢献ができるかをきちんと表現し、理念を通して社員へ仕事のやりがいを伝えます。

当社の場合は「地球に貢献します」としていますが、「地域に貢献する」でもいいですし、「笑顔の多い社会づくり」といったワードでもよいです。

社会への貢献は、そのまま社員たちのエネルギー源になります。

「社員の幸せ」「お客さまの幸せ」「社会貢献」。これらを理念に取り入れていれば、理念に反する行為を見かけたとき、「それは社員の幸せにつながらないでしょう」「本当にお客さまの幸せを考えていますか？」「それでは社会に貢献できません」と、社員を正すことができます。

4　理念の先にあるビジョンも確立する

理念を確立できたら、次の段階としてビジョンを確立します。ビジョンでは、全社員が理念に基づいて行動していった先に待っている、会社の未来の姿、みんなで叶えたい夢を表現します。

例えば当社のビジョンはこちらです。

「日本一多くの100年企業を創り続け1000年続くコンサルティングファームになります」

理念はブレーキであり、ビジョンはアクセルの役割を担います。

社員は次の行動を見据えるうえで、まずは立ち止まり理念を見て「今やろうとしていることは理念に基づいているか」を確認します。一方のビジョンは、理念に基づいた行動であっても、ハードルの高さやリスクを感じることに対して躊躇しているとき、背中を押してくれます。

社長にとってもビジョンは頼もしい存在で、すぐには結果の出ない、つまり会社の業績にはいますぐ直結しない挑戦であっても、ビジョンにつながるものであれば、躊躇なくゴーサインを出すことができるようになります。

また、ビジョンが確立・浸透されることで、より世の中への貢献度合いは高まりますし、社員のモチベーションアップにもつながります。

例えば、ビジョンを考える際、「うちもゆくゆくは国際化したいけれど、まだ小さい企業だし」と口ごもるクライアントに対して、私は「いやいや、ビジョンですから、夢ですから、ぜひ取り入れましょう」と後押しします。

壮大な夢をビジョンとすることで、社員が国際化に向けて積極的にアイデアを出してくれることがあるでしょうし、社外からも「御社が国際化を目指していると聞きまして」と、新しい商談をもちかけてくれることも考えられるわけです。

ですから、実現可能かどうかは判断せず、理念を追いかけていった先に待っている壮大で素晴らしい目標を、ビジョンとして高々と掲げましょう。

現段階では実現など夢のまた夢というようなことも、ビジョンとして掲示することで、社内からはもとより、社外からも応援してくれる人がたくさん集まってきてくれます。理念と同様に、ビジョンもたいへん大切な存在なのです。

5　時代に応じて柔軟に変えていく

理念やビジョンは最初のものにこだわる必要はなく、時代に応じて柔軟に変えていくことが大切です。

時代が大きく様変わりしたときや、会社が転換期を迎えたとき、理念に大規模修正を施すことは間違いではありません。後継者へ理念を引き継ぐときも、「理念が時代に合わなくなったら、変えてもらってもいい」ことを伝えます。

当社も事あるごとに理念に手を加えています。

最初はある別の会社の理念を参考に拝借していたのですが、どうも当社の社風には合っていないと思い、1996年に独自の理念を確立しました。さらに1998年、2000年と少し内容を変更しています。

松下幸之助氏の教えで理念確立と浸透の大切さを知ったのはこの直後のことでした。そして、「明るく・元気に・前向きな」を盛り込んだ、いかにも当社らしい、オリジナリティの高い理念ができました。業績が頭打ちとなっていた、まさに会社の転換期に、理念も大きく姿を変えたのです。

そのあとも何度か理念を変え、2014年には「楽しく」も追加しています。「仕事は楽しくあるべき」という発想は、近年さまざまな業界でよりいっそういわれていることであり、時代に合わせた変更だといえます。

6 しっくりくるまでこだわる

時代に応じてだけでなく、社長や社員たちが違和感をもったのであれば、常に検討して変えていくことも大切です。

2009年には「元気に」の「に」が、理念のリズム感を失っていると感じ、「に」を外し「元気」としました。しかし結局そのあと、「に」はあったほうがしっくりくるぞとなり、「元気に」へ戻しています。

ほかにも「一流専門家集団」の前に「本物の」を入れることで、より当社のこだわりや信念を強調する、といった味つけもしています。

ほかにも細かい変更を加えながら、現在進行形で当社の理念は進化を続けているのです。

「理念なんてそんなに頻繁に変えるものではない」という意見もあります。確かに、理念の根本部分に手を加えることは滅多にできませんが、輪郭部分を手入れすることで粗が取れていき、社員たちにとってよりしっくり浸透しやすいものへと洗練させていくことができます。少しでも違和感を抱いているのなら、納得するまでとことん手入れをしていくようにします。

7 目や耳にする機会を増やして浸透させる

確立した理念を、共通の価値観として浸透させるには、相応の根気と時間が必要で、じっくり丁寧に行っていくことが大切です。松下幸之助氏の言葉を再度お借りすれば、経営理念の確立と浸透をしたら経営は5割成功したようなものなのです。これほど効果の高い経営手法もないと思って、根気強く浸透させていきます。

浸透方法の一つめは唱和です。これは前述した社員の不祥事を防ぐための方策にもつながるので徹底させます。当社では朝礼や役員会の開始時には必ず理念とビジョンの唱和からスタートしています。

ホームページや名刺、会社のパンフレットなどにも、必ず理念を入れます。特に採用ページには理念を入れ、理念に共感してくれる人が入社してくれる流れにしておくことで、失敗の少ない雇用と、スピーディかつ実のある組織づくりが可能となります。

また、社内報を発行しているのであれば、そこでも理念については頻繁に触れましょう。例えば当社では「TOMAレポート」という社内報を毎月発行していて、理念に関連した話題を随所で提供しています。

ただここで注意したいのは、理念ばかり押しつけるような形ではなく、理念に紐づいた興味をもってもらえる内容を心掛けることです。当社であれば、明るく楽しく元気で前向きな話題を寄せ集めて、社内報を制作しています。理念そのものを伝えるというよりは、理念に込められている会社の強みを感じられる情報発信を意識しています。

最近は会社で独自のメディアを簡単に設けられる時代となりました。ツイッターやユーチューブなども駆使して、会社の理念を共有できるスペースをつくっていきます。

8　クレドを作成し実践に落とし込む

ただ理念を唱え続けたり、理念に通ずるテーマを社内報やメディアなどを介して伝えていくだけでは、価値観の共有はできても日々の実践に落とし込むことはできません。

そこで活用したいのが「クレド」です。もともとはラテン語で、信条や志、約束といった意味があります。

理念やビジョンに基づいたクレドをいくつか書き起こし、名刺サイズのクレドカードを作成して、社員に携帯してもらうようにします。

そして、例えば朝礼でクレドカードのなかの1項目を復唱し、どのように実践へと落とし込むかを話し合うのです。このような行程によってクレドに基づいた行動原則が自然と体に染み込み、無意識に理念に沿った思考と行動ができるようになっていきます。

当社では、クライアントの理念をたくさんつくっていますが、このクレドカードも、つくった数は日本一クラスであると自負しています。

業績の芳しくない会社のコンサルティングにて、理念とクレドをつくって、徹底的に浸透させてもらったところ、業績がよくなったという例をいくつも経験しています。価値観の共有や、理念に基づいて無意識に行動してもらうには、相応の時間を要しますが、これほど会社の本質を根っこから見つめ直し、時代を問わず成長し続けられる会社へと変身させる手段は、ほかにないと断言します。

コンサルティングした会社の社長も最初は半信半疑なのですが、最終的にはその成果に驚き、喜んでくださいます。

当社のクレドカードには、2021年現在、理念とビジョンに加えて、20個の「社員がお客さまにご提供できる価値」を書き起こしています。参考までに一部を紹介します。

①経営理念の実践　私たちは、経営理念をすべての判断基準として行動します。

②明るく元気な対応　私たちは、お客さまに対し常に明るく元気な対応を行います。

③法令順守の徹底　私たちは、会社が成長するための正しい方向のアドバイスをします。脱税・粉飾・違法相談は受けません。
④業務報告書の作成　私たちは、お客さまとの情報共有のため業務報告書を毎回作成します。
⑤即時処理と24時間以内レスポンス　私たちは、お客さまからのご連絡に対し翌営業日中に必ずレスポンスいたします。
⑥カミナリカード（お客さまのクレームをまとめた報告カード）による情報共有　私たちは、お客さまからのクレームは全社で共有し2度と起こらない仕組みづくりを行います。
⑦グループ総合力で課題解決　私たちは、お客さまの課題を解決するという同じ目的に向かって総合力で対応します。
⑧正確な仕事　私たちは、複数の社内チェックを通じて正確に早く仕事を完了させお客さまにご報告します。
⑨お客さまの立場に立った回答　私たちは、難しいことを分かりやすくいろいろな視点からお客さまに回答いたします。

このクレドカードを見れば、社員が「今自分は何をすべきだろう?」と迷うことはなくなります。

例えば、⑥の「カミナリカードによる情報共有」であれば、「お客さまからクレームがあった。この件についてカミナリカードで報告共有し、解決方法を話し合おう」と具体的な行動を見つけることができます。もし、この行動を怠っていたことが発覚した場合、社長や会長である私のカミナリがさらに落ちることになります。

理念とビジョン、そしてクレドに従った行動をしていれば、叱りません。反していたら、叱ります。この明確な境目があればこそ、社員は自分で積極的に考え、行動することができます。

ちなみにこのクレドは、社長や経営陣でつくるのではなく、社員全員でつくることが望ましいです。経営計画に「クレド作成チーム発足」を書き入れて、社員全員の意見を抽出しながら、理念に基づいたクレドをつくりあげるようにします。

理念は後継者が迷ったときの道標になる

創業者の分身として永遠に残る

社長が社員を信じて任せるためのツールとして、そして社員にとっては自ら考えて行動するためのツールとして、理念の確立・浸透の存在価値が見えてきたと思いますが、実のところ、理念の「真の価値」を心の底から痛感することになるのは、理念の確立からだいぶあとになってからのことになります。「親の意見と冷や酒はあとで効く」ということわざがありますが、理念もまた、時間が経てば経つほど、そのありがたみを感じられる存在なのです。

理念の真の存在価値とは、会社に「もしも」の事態が襲いかかったとき、頼もしい道標になるところにあります。

例えば、もしも、社員を引っ張っていく力のないタイプの人間が社長になったとき、社員は会社の将来に不安を抱いてしまいます。

「先代は人を引っ張る力があって頼りがいがあったけど、2代目はどうもパッとしないし、ついていっていいのか不安だ」

そんな意見を、実際にコンサルティングさせていただいた会社の社員から言われたことがあります。このような不安が社内に蔓延すると、社員の成長に急ブレーキがかかり、会社の業績も鈍化してしまいます。

1代目はカリスマ性に富んでいた。しかし、2代目にはカリスマ性がなかったため、人がついて来ず、経営が傾いてしまった。そのような事例は数多く存在します。どことはいいませんが、有名企業も例外ではありません。

それなら、会社の社長は、カリスマ性があり人を引っ張る力に優れた人を選ぶべきだ、といいたいところですが、カリスマ性の高い人間というのは、たくさんいるわけではありません。

加えて、現実的なところをいえば、会社が安定期に入っている2代目以降というのは、社長はカリスマ性があってぐいぐい引っ張っていくようなタイプよりも、どちらかというと慎重なタイプのほうが経営的にふさわしいという見方もできます。

では、求心力のさほど高くない、パッとしない人物が社長に就いたとして、どのようにして社員を引っ張っていけばいいのでしょうか。

それは、ここで理念を大いに活用すればいいのです。

理念は創業者の分身であり、そこに人を引きつけるパワーが凝縮されています。理念はカリスマの塊なのです。

ですから、2代目以降の社長は、次のように社員に伝えれば、自身の欠点を補うことができます。

「私についてくるのではなく、会社の理念についていってください」

このような経営体制を敷いていれば、社員はいつの時代も変わらず、理念に従って動けばいいので、会社の将来に不安を抱かなくて済むのです。

つまり理念は、社員が迷ったときの道標であり、同時に、社長自身の能力を補う頼もしい道標にもなるということです。

理念が会社にある限り、「先代がいれば」というような事態に会社が追い込まれることはありません。

混迷時代のガイドブック

理念とはブレーキの役割を果たす、と前述しました。混沌とした時代においては特に、この理念のブレーキ作用がうまく効いて、会社存続の危機を乗り越えられることがあります。

一例を紹介します。

日本橋に本拠地を置く、ある老舗の小売業者には、「浮いた話に乗るな」という理念（家訓）が代々受け継がれていました。

昭和バブル真っ只中の話です。土地の価格が高騰一途となり、「不動産を買わないか」という営業の電話が、毎日のようにかかってきたそうです。しかしその業者は、理念に従い、浮いた話にはいっさい乗りませんでした。本業そっちのけで不動産を買い漁る周りの会社を尻目に、本業に専念したのだそうです。

ご存知のとおり、バブルは弾け、土地の価値は一気に落ちました。浮いた話に乗った周辺の会社が軒並み経営難に陥るなかで、浮いた話にいっさい乗らず本業だけ続けていたその業者は、バブルが弾けたことによるダメージを最小限に抑えることができました。今も日本有数の老舗業者として、盤石な経営を続けています。

これぞまさしく、理念のもっている優れた潜在能力です。数代前のトップがつくった理念が、世代を飛び越えて、数代後のトップを助けるというのは、老舗ならではのエピソードです。

２０１１年の東日本大震災のとき、被災した企業の多くが経営難に陥りました。その渦中にあっても、売上の低迷を最小限に抑え、震災後の混迷を乗り越えた会社がありました。

そのような会社を詳しく調べたところ、共通点を見出すことができました。その共通点とは、業種業態ではなく、社長の能力でもなく、まさしく理念だったのです。理念がきちんと確立され、浸透していた会社ほど、混迷の時代を乗り切るだけの力を有していました。

本書を著している2021年現在においては、コロナウイルスが世界中を脅かし、100年に1度あるかどうかの、まさしく混迷の時代に突入しています。

そのような時代において、会社が、そして社員が、何を信じて乗り越えていけばいいのかといえば、やはり理念にほかなりません。理念の浸透ができていれば、社員の気持ちや行動がぶれることはなく、ダメージを最小限にしながら、安定した会社経営を続けていくことができます。

◆バトンタッチの準備をするための社長の心得②

・独裁経営だと人はついてこない！
・イエスマンだらけは会社を滅ぼす！
・「我慢して任せる」のも社長の務めと思え！
・理念の確立・浸透で社員に会社を任せられる環境をつくれ！
・理念は創業者の分身となり、いかなる時代にも強くなる！

第3章

経営計画は社員がつくってこそ、価値がある
社員の自主性を育てれば、後継者が決まる!

ワクワクする会社は、社員一人ひとりが考えて動ける会社

売上は社員の成長の総和

理念の確立と浸透によって、社員を信じて任せることができ、社員が自ら考えて行動することで、社長の器以上に成長する会社になることができます。

とはいえなかには「うちは理念がしっかり社員に浸透できていて、多くのことを社員に任せているが、業績が一向に伸びてこない」と反論する方もいると思います。

実際に私のところへ相談に来られたクライアントのなかにも、理念がしっかり行き届いているにもかかわらず、経営が芳しくない会社もありました。

実際にそういった会社の内部を覗いてみたところ、業務が徹底的につくり込まれていて、社員はひたすら与えられた仕事をこなしていく形態になっていました。

確かに仕事そのものは社員に任せることができていますが、内容は上司がすべて決めているため、裁量を与えられていない社員は、非常につまらなそうに働いていたのです。おまけに、社員はみな各々の仕事をこなすことに精一杯のため、組織全体の風通しが悪く、社員

が積極的に意見できるような環境にはなっていませんでした。独裁経営とまではいいませんが、トップダウン式の、社員にとっては窮屈な現場だったのです。

「社長、もう少し社員の皆さんが仕事を楽しく感じられるような、働きやすい環境にしましょうよ」と私が提案すると、「こうやって仕事をガチガチに固めないと、社員は動いてくれない。それに仕事に楽しさなんて求めなくていい」と突っぱね返されてしまいました。

仕事をサボらせないようがんじがらめに業務をつくって、負担を与え続ける。確かに仕事をサボらせないという考え方は間違いではありませんが、このままの状態を続けていたら、やりがいを感じられない社員は去っていくでしょうし、働き続けたとしても成長することができません。業績は、横ばいを続けることはできても、大きく上向くことなく、下降線をたどることになります。

会社の売上アップは、社員の成長の総和です。社員が減ったり、成長がゼロだったりしたら、業績など伸びるはずがありませんし、社会への貢献度も高まることはありません。

「仕事なんて楽しくないものだ」という前提で社長が経営を続けているような会社は、今すぐ潰れてしまったほうが世の中のためです!

「どうやったらみんなが楽しく働いてくれるか」を追求することが、これからの時代を勝ち抜き生き残っていくために必要な、社長の経営観なのです。

成長がワクワクにつながる経営計画

それでは、どうすることで、社員が楽しくやりがいを感じながら働ける会社になれるのかを考えます。

会社というのは、創業したてのころは、少人数で夢中になって、寝食を忘れるほどに仕事に没頭するものです。創業時のメンバーがなぜそれほどに熱中できるのかといえば、各々の役割に確たる境目がなく、自ら考え、意見を出し合い、行動し、反省し、改善していくことに楽しさを得られたからです。そして改善によって会社も社員も成長し、業績として結果が返ってきたから、やりがいを感じ、次へのエネルギーにできたのです。

しかし、事業が軌道に乗り、さまざまな業務が細分化され、社員それぞれの役割に境目がきっちり設けられ、多様な人材が入ってくるにつれて、社内の仕組みと様相は変化を遂げていきます。

軌道に乗ったあとに入ってきた社員たちは、すでに決められている作業を淡々とこなすことが主な仕事となり、自ら考えて行動する必要はありません。よって、反省し、次へつなげ、成長していくというプロセスを経験できないため、仕事にワクワクやりがいを感じることができないのです。

創業時のメンバーから見れば、彼らがつまらなそうに淡々と仕事をこなす姿に「自分から動けないのなら、仕事を与え続けるしかないな」という発想に至ってしまうのも無理のない話です。先ほどの例に挙げた会社のような、トップダウン重視の業務形態へとシフトしていってしまうわけです。

長く続く企業と短命に終わる企業の大きな分岐点が、ここのとらえ方なのです。要するに、社員一人ひとりがワクワクできる仕掛けを、社長ら上層部の人間がつくらないといけません。もっといえば、自ら考えてもらい、発言してもらい、行動してもらい、反省してもらい、成長してもらう流れを生み出すことが不可欠なのです。

社員が成長するための土台として理念があります。さらに、この理念に基づいて、社員ごとに考えて発言して行動して反省してもらうための道具が必要となります。そしてその道具こそが、これから紹介する経営計画になります。

経営計画が十分に機能すれば、社員が楽しくやりがいを持って仕事に取り組めるため、成長スピードがより速くなります。すなわち、社員全員の成長の総和も大きくなり、会社の業績もより素晴らしいものとなっていく理屈になるわけです。

社員が公平に評価される会社にする

社員が仕事を楽しめないもう一つの理由として「自分の役割がちゃんと評価されていない」という不満をもたれているケースもしばしばあります。頑張りが報酬に反映されていないと感じてしまえば、熱心に働く意欲というものは失われてしまうものです。

公正な人事評価制度というのは、会社が大きくなればなるほど、そして部門が多岐にわたればわたるほど、経営陣が感じる悩みの種です。「社員の評価を平等に下せず、不満が出てきてしまっている」という相談は、私も頻繁に受けています。

私自身、かつて会社を大きくしていくうえで、人事評価制度で試行錯誤を繰り返してきました。

社員がいっさい不満を感じることのない、非の打ち所のない人事評価制度を遂行できているると、胸を張って言い切れる会社というのは、そうそうないのではないでしょうか。

そのくらい、人が人を評価するのは難しいことであり、客観的なデータと綿密な議論が不可欠だということです。決して社長独自のさじ加減で決められるものではありません。

この、公正公平な人事評価制度という課題を解決するための一端も、経営計画が担ってくれます。

経営計画をつくり、社員それぞれが考えて動ける仕組みをつくりあげることで、なぜ不満の少ない人事評価体制が築けるのかについて考える必要があります。

社員みんなでつくる「経営計画」のメリット

全社員の計画を可視化する

社員がワクワクしながら、成長を感じながら会社で働いてもらうためのツール、それが経営計画です。

経営計画というと、売上目標や中長期の計画を盛り込んだ、ドライで殺伐としたものを想像するかもしれませんが、本書ではそのような意味合いだけで経営計画を定義しません。お堅いルールにとらわれることなく、より自由な発想で、社員一丸で作成していくものを経営計画とします。

「いつかやろうね」と口約束だけで済ませ、結局やらないままでいたようなことを、きちんと経営計画に書き込み可視化しましょう。こうすることで、先延ばしにしがちな計画の達成スピードと達成率を上げることができます。加えて、達成できたか否かを、客観的に評価できるため、社員の成長や会社の成長もひと目で把握することができます。

経営計画をつくるに当たって絶対にやってはいけないことは、重箱の隅をつつくように、社長や幹部があぁでもないこうでもないと、いちいち内容にいちゃもんをつけることです。「この文言は変えよう」とか「もっと丁寧な文脈にしなさい」といった粗探しは意味がありません。書き方が大事なのではなく、計画内容そのものが重要であることをまず知ることが大切です。

最も厳しく見るべきなのは、計画が達成できているか否かのジャッジです。計画未達成であれば、「なぜ達成できなかったのか」「どうすれば達成できたのか」といった点をきちんと反省し、今後へと活かすようにしましょう。

経営計画は成長とワクワクの素

経営計画は年1回ペースで更新していくことを推奨します。当社の場合、5月からスタートして9月の上旬に完成し、期初に当たる10月1日に全社員に配るようにしています。

最初からしっかりしたものをつくる必要はありません。当社の経営計画は現在こそ厚みのある内容の濃い冊子となっていますが、始めたころはボリューム少なめでした。回数を重ねるごとに内容は自然と濃くなるものとして、とにかくまずは作成に着手することを重要視します。

とはいえ会社の計画書ですから、しっかりと内容のあるものにしなければいけません。部門ごとの生産目標や売上目標といった目標を入れることは基本中の基本です。

ここからが本題です。普段の仕事以外のことで、重要だけれど、今日やらなくていいことを、部門ごとなどで分けて書き入れていきます。

各部門、社員それぞれが考えて、その年の目標を設定し、具体的にどういった行動をするのかを話し合って決め、経営計画に決意表明することが、経営計画の肝になります。経営計画に従って行動し、達成するしないにかかわらず振り返り反省することで、次年度の経営計画につなげていくのです。

社員が自ら考えて、発案し、行動し、反省し、次への糧としてくれるので、経営計画は社員が成長する素となります。

当社で経営計画をつくり始めたとき、社員それぞれが考えて行動してくれ成長していく期待は抱いていましたが、それ以上に驚いたのは、毎回どんな計画を立てようか、計画を達成したあとの自分や会社はどんな姿になっているだろうか、成長したら次にどんな楽しいことができるようになるだろうかと、ワクワクしながら計画し実行に移していく社員たちを目撃できたことです。

ワクワクと楽しみながら、成長できる。結果、会社の業績アップにもつながる。企業価値を高めていくうえで、これほど理想的な仕組みはなかなかありません。

経営計画は「全員経営」の感覚が身につく

経営計画は社員それぞれが考えてつくっていく点に意義があります。

会社が目指していく未来ビジョンに向けて、向こう1年間でやっておくべきことを、社員が理念に基づいて分担して考え、具体的計画を立てることで、「自分たちが会社を動かしていくんだ」という全員経営の感覚を身につけさせることができます。

一方で、経営計画によって社員が自ら考えて行動し、新たな課題を見出し、次への計画を立ててくれるのであれば、社長が細かいところまで面倒を見る必要はなくなります。いわば自動的に、楽しみながら社員が目標を立てて、ワクワクとともに成長していってくれるのです。

私自身、社長の座を5年後に譲ると決めて以降、事業承継までの5年間は、経営計画づくりにほとんど関わらないようにしました。

社員の頑張りのおかげで、社長が経営にノータッチであっても、理念に基づいた経営計画はしっかりと作成され、業績も着実に伸び続けていきました。社員が自分たちの意思でワクワクとともに成長し、会社の業績アップの喜びをみんなで分かち合う姿は、全員経営の感覚が定着したなによりの証拠でした。社長にとって、これほど喜びと感謝に堪えない出来事もなかなかありません。

このように、理念を根底とした経営計画作成の流れが定着すれば、社長は日々の経営に大きく関わる必要がなくなります。その間に、社長は新規事業開拓への準備を進めたり、あるいは私のように事業承継の準備をしたりするなど、社長でなければできない経営計画を遂行していけるのです。

経営計画はたくさんの「種まき」ができる

例えば、「そろそろ新規事業開拓へ向けて、リサーチを始めておきたいところだ」と、漠然とした計画を思いついたとしましょう。

これは慎重に推し進めていくべき計画であり、相応の時間と労力をかけることになります。売上に直結するものでもないため、ほかの業務と比較すると、自然と優先順位が落ちてしまい、普段の仕事に押されてなかなか着手できずに時間だけが過ぎてしまいがちでもあります。

こういったものも経営計画にしっかり盛り込みましょう。メンバーをきちんと選択し、期限を設けて担当させることで、会社の命運を握るやもしれない有意義な「種まき」ができます。

リサーチなどの、実践的な段階へ移す前の準備段階の業務は、すぐに会社へ大きな貢献を果たすものではありません。しかし中長期的な目線で見れば、これほど立派な芽となり、将来大輪の花を咲かせてくれる役目はありません。

経営計画は、こういった将来への種まきがたくさんできます。種まきのやり忘れをすることなく、きちんと担当者を決めて、社員全員に周知できる点が経営計画のメリットです。

そしてこの種まきこそが、社員にとっては非常にやりがいのある仕事でもあるので、社員それぞれの成長のための栄養にもなってくれるのです。

経営計画は社内のバイブルになり争いが避けられる

経営計画は、ときに社内のトラブルを撃退してくれるバイブルにもなってくれます。

経営計画には具体的なプランと担当者が明記されていますから、「例の件って誰が担当していたんだっけ？」というような、責任の所在を見失ってしまうような事態が避けられます。また、経営計画にないものを実行する際はきちんと報告するというルールが確立されるので、「そんなことするなんて聞いていないよ」といった衝突も回避できます。

当社の経営計画を例に取ると、まさにバイブルといえる充実した内容になっています。各部門の計画のほかに、「休暇申請の仕方」や「契約書承認のルール」「葬儀の対応」など、いざというときの具体的手続きも掲載するようにしています。

困ったことや迷ったことがあったら、とりあえず経営計画を開く。解決しなければ、社内で共有し話し合い、決定事項を次の経営計画に追加する。この繰り返しによって、より経営計画は充実した内容となり、社内トラブルが発生する頻度を着実に減らすことができます。

正しい経営計画がないと未来ビジョンを共有できない

大雑把な数値計画だけでは成長はない

経営計画があることのメリットについて解説したので、次は正しい経営計画をつくらないことによるデメリットに触れるとともに、経営計画をより濃いものにするために意識したいことについて説明します。

経営計画をきちんと作成していないと、社員の成長促進が望めないため、会社の業績が伸びにくいということはすでにお伝えしたことです。

しかし、だからといって「ざっくり大雑把に経営計画をつくりました。これで売上が伸びるでしょう」と安直な考えで実践しても、社員と会社の成長は見込めません。

大雑把な計画を出しても、そこに根拠がなければ、仮に達成できたとしても「なぜ達成できたのか」の議論ができません。これでは成長につながらないのです。

なので経営計画は、きちんと根拠に基づいた数値目標と、その目標達成に必要な行動を書き入れましょう。さらに、目標を達成した先に待っている未来ビジョンも、全社員に共有できるような内容になるよう心掛けていくべきです。

計画目標が大雑把で、行動の先に待つ未来ビジョンが共有できていないと、社員は「何のために頑張っているんだろう」「自分のやっていることはきちんと評価されているのだろうか」という迷いや疑いを抱きながら仕事に取り組むこととなります。

社員一丸となって目標達成に全力疾走できるような経営計画を立てられていないとしたら、社員はこのようなネガティブ思考を抱いてしまいます。これは会社の将来を占うに当たって大きなマイナス要素です。大雑把な計画を立てるだけなら、計画なんてないほうがまし、といってもいいくらいです。

社長プロデュースでは意味がない

経営計画は、社長だけ、あるいは数人の幹部だけ、というように、少人数でつくるものではありません。社員一丸でつくるものです。

「うちはきちんと部署ごとで経営計画をつくらせているが、一向にうまくいかない」という相談を受けたことがあるのですが、よくよく調べてみると、各部門長が一人でつくっているだけで、部下にはいっさい触らせていないことが分かりました。理由を尋ねてみると、「部下は与えられた仕事で手一杯だから」だそうです。

経営計画に触れられないということは、社員は経営に参加することはできず、ただただ毎日のノルマをこなすだけです。これでは社員が仕事に楽しみを見出すことはできませんし、考えて行動することがないため成長などできません。

社長と、その社長の指示で義務感として幹部が作成した経営計画には、何の価値もないことを知っておきましょう。

経営計画は、社員全員の未来ビジョンを描き出すためのスケッチブック的な役割であることを忘れてはいけません。各人が、会社にとってどういった役割を担っているのかが、明確に分かることが重要です。会社の誰一人が欠けても、経営計画に描かれた未来ビジョンに到達することができないのだという意識で、作成に臨むべきです。

社長の「ご乱心」を止めることができる

経営計画は、ときに証明書のような役目も担います。

例えば、社長が思いつきで提案してきたことに対して、「それは経営計画にないことなので、きちんとみんなで話し合って決めましょう」と、社長が独断で始めようとする暴走を阻止できます。

機械のリース業を専業としている会社が業績低迷に陥り、何を血迷ったか、突然の社長命令にて、フランチャイズの定食屋さんを始めました。私は散々「絶対うまくいきませんよ」と止めたのですが、社長は「とにかく新しい柱で損失を補いたい。飲食業ならうまくいく気がする」と根拠のない理想論を振りかざすばかりで、聞く耳をもちませんでした。営業低迷からの焦りによる、これぞまさにご乱心といえる社長の暴挙です。

結果どうなったかといえば、ご想像のとおりで、定食屋さんはまったくうまくいかず短期撤退となりました。

もしこの会社が正しい経営計画を作成していて、社長の新しい提案に対して、「計画にないことは話し合いで決めましょう」と、社員たちで議論する場を設けることができていれば、このような結果を招くことはありませんでした。

リース業と飲食業ではまったく業種が違います。うまくいくはずがないのです。これがもし、「エリアを広げる」とか、「扱う機械の幅を広げる」といった、専業に紐づけられたものであれば、得意分野の拡充ですから、うまくいくイメージがわきます。これらの計画をしっかり経営計画に書き込んで進めていけば、全員が未来ビジョンを共有できているので、社員も迷うことなくついていけたはずです。

「社長、経営計画にないことを、命令するのはやめてください！」

この一言で社長のご乱心を止めることができる。この点においても、経営計画には大きな価値があります。

経営計画に盛り込んでおきたいことリスト

「毎月」の目標を入れる

経営計画は数値やデータを基にした目標を立てて、その目標達成のためにどういった具体的行動をするのかを盛り込んでいきます。大きなくくりでいうなら、経営計画は「数値計画」と「行動計画」のふたつの柱でつくられるということになります。

そこで盛り込んでいきたいことの第一項目は、売上高や生産数、契約数などの、客観的な数値目標を入れることです。

さらにここで大切にしてほしいのは「毎月の数値目標を入れる」ことです。1年間トータルでの数値を入れるのはご法度です。

このようなご提案をすると、「月ごとの売上なんて読めるわけないよ」などと毎月の計画立てを拒む社長がいるのですが、大事なことは目標を予測できるかどうかとか、達成できるかどうかではなく、計画を立てることにあると覚えてください。

とはいえ、なるべく現実的な目標を立てたいものです。過去の売上データが手元にあるなら、それを参考に、季節指数なども加味して毎月の計画を立てましょう。仮に1年目の数値計画がまったく見当違いだったとしても、年を追うごとに、より精度の高い数値目標となっていきます。

社内部門がいくつもある場合は、部門ごとで協議してきちんとした数値目標を決めましょう。

当社も部門が多数あるので、各部門に月ごとの数値計画を立ててもらっています。総務部や人事部の場合も、数字でつくられる目標はなるべくつくってもらいます。

毎月の数値計画を立てていれば、月次で反省を促すことができます。目標が達成できていなければ、今後遅れを取り戻すためにはどうすればいいのか、具体的な改善策へとすぐに着手することができます。あるいは目標が達成できていたとしても、目標設定が甘すぎたのか、なぜ想定以上の結果が出せたのかなど、多角的に振り返ることで、さらなる成長への大きな糧となります。

これがもし、1年通期での数値目標しか立てていなかったとしたら、期末直前になって「このままでは目標が達成できない」と気づいて焦っても、時すでに遅しであり、挽回などほぼ不可能です。反省するにしても、振り返るべきスパンが長すぎて、今後へ活かせる材料は埋もれてしまい見つけ出すことが困難なのです。

毎月の目標設定と反省、そして気づきや改善点のあぶり出し。これらは必ずセットで行いましょう。

数値目標は「5勝5敗」がベスト

売上や契約数といった数値目標の設定は、緩すぎても、難しすぎてもいけません。

例えば過去10回分の数値目標が、10勝0敗であれば、目標設定が甘すぎたことを意味しており、会社の成長もわずかな傾向にあります。もっと目標を高く設定して、達成に向けてがむしゃらになって行動していれば、より社員と会社は伸びていたと考えられるわけです。

0勝10敗でもいけません。無理難題ばかりの目標設定では達成感がありません。社員のやる気は落ちていく一方でしょうから、これも会社の成長にとってはマイナス材料です。

ベストなのは5勝5敗、勝率が5割に近くなるような目標設定です。達成できるかどうかの、ギリギリのラインを攻めた数値目標をつくることで、会社にとっての最大限の伸びしろが望めることになります。

「前回の計画は甘すぎたから、今回は少し厳しく設定してみよう」といったように、毎回バランス調整を入れていき、数値目標を勝率5割に近づけましょう。

最適なバランスの目標が設定できていると、期限間際は「達成できるか、できないか」のハラハラとした展開を迎えることになります。

このギリギリのところで、「なんとか達成できた！」という結末になった際に生まれるドラマは感動ものであり、達成感と充実感に満たされ、社員の絆を高め、より中身の濃い成長へとつなげることができます。もちろん会社の業績アップにもなっていますから、見返りの報酬もベースアップが見込め、社員たちのやる気をさらに引き上げることも可能です。

冒頭に社長の「経営指針」を入れる

計画の冒頭に社長の経営指針やスローガンといったものを入れましょう。理念やビジョンに基づいていて、なおかつその時代にあったものを採用することで、より明確な会社未来図を全員で共有することができます。

この指針は計画書づくりに社員が着手する前に社内へ広め、社員はこの指針に沿って、具体的な計画をつくっていくのが理想的な流れです。

「何を」「誰が」「いつまでに」やるかを決める

計画は社員それぞれの「やり遂げます」宣言です。何を、誰が、いつまでにやり遂げるか、きっちり書き入れましょう。

例えば、漠然と「ウェブサイトのコンテンツ充実を図る」ではなく、「山田さんが6月までに商品説明ページの内容をブラッシュアップする」「伊藤さんが4月中に制作会社に発注し、8月までにデザインのリニューアルを図る」といったように、具体的な行動まで盛り込みます。図表や写真もふんだんに取り入れ、計画の詳細がひと目で分かるようにするのがベターです。

名前が入ることで、社員一人ひとりの使命感が高まるのはもちろん、達成時の評価がダイレクトに自分へと跳ね返ってくるので、責任をもって、より質の高い成果を挙げようという気概が生まれます。

社員全員の「思い」を込める

経営計画というと、格式ばった堅苦しい仕上がりを想像してしまいがちですが、社風に合った柔軟な雰囲気に仕立てていく意識を心掛けましょう。

当社の場合、きちんと数値と行動の計画を立ててくれていれば、多少のおふざけは大歓迎にしています。理念にあるとおり、楽しくつくってもらうことが大前提であり、中身も楽しくアグレッシブで斬新なものがいちばんだと思っています。

経営計画は、社員の等身大の思いが反映されているものがベストです。「やらされてつくっています」という雰囲気が醸し出されている計画は絶対によくありません。社員たちが率先してつくりたくなる、思いのこもった計画になるよう、経営計画に対する意識を社員全体で高め、価値観を共有していきます。

必ず「反省」し次へ活かす

すでに何度か述べていますが、改めて強調しておきたいのが、計画の結果を受けて反省することです。それも毎月結果を反省して、次月に引き継ぐべきです。

経営計画をつくるだけつくって「はい終了」、机の中にしまいっぱなしで存在すら忘れてしまう、なんてことには絶対にしないでください。

反省は、必ず、達成できてもすること。「ああ、達成できてよかったな」ではなく「目標設定が甘すぎたのではないか」「なぜ達成することができたのか」と、納得がいき、次に活かせる材料が見つかるまで、とことん反省します。

反省なくして成長はありません。結果を受けて、各部門で必ず反省し、みんなで成長する流れをつくっていくことが大切です。

経営チーム結成が組織の風通しをよくし、後継者を育てる

「気に入らない人」ほど歓迎すべし

ここからは、社長が担うべき最優先事項の「経営チームの結成」について説明します。

偉大な経営学者ピーター・ドラッカーが「一人で経営は無理だ、経営チームをつくるべき」と提唱しているくらいですから、ここで経営チームの重要性を説く必要はないと思います。ここでは実用的かつシンプルに、社員がよりワクワクできる環境を築き上げるための、理想の経営チームづくりについて考えていきます。

経営チームとは、独裁者タイプの社長がやりがちな、イエスマンばかりを周りに置いた、役員会とか理事会とか名前だけはご立派な、仲良し連中の陳腐な集まりごっこのことではありません。社員と会社と顧客の未来を熱心に考え、ときには社長に対しても強く歯向かえるようなメンバーで構成された、「最強の経営」を発揮するためのチームです。

10人規模の小さい会社であっても、経営チームは必須です。最低でも3人そろえるようにしましょう。ドラッカーは全社員の5％程度が望ましいとしています。当社の場合、全社

員200人に対して12人と、全体の6%でチームを編成しています。

最初は創業時のメンバーで結成するのがオーソドックスです。ある程度大きな会社になっているのであれば、事業部長など上部の肩書きを持つ人に招集をかけます。社長を引き継ぐ後継者候補も、早い段階でこのメンバーへと招き入れるのが望ましいです。

経営チームを結成したら、最初の会合で次の言葉をメンバーに約束させます。

「発言や提案の少ない人はメンバーから外し、適時入れ替えていきます」

経営チームの会は議論の場です。社長の発言にうなずくばかりで、自分から意見するということをしない人物は、経営チームには不要です。まずは半年から1年ほど最初のメンバーでやってみて、発言や提案のない人はメンバーから外していき、ほかの適格な人間を引き入れるようにしていきましょう。

「あいつは俺のいうことにいちいち反発するから目障りだ」というような理由で外すことは、絶対にあってはなりません。むしろ頻繁に社長に反論する人間ほど、経営チームへ積極的に入れるべきです。

当社の経営チームのなかにも、私の提案に対していつも牙をむくような、私の本音の感情でいえば「気に入らない」人間もいます。しかし彼がいればこそ、私が会長の権限を行使して、社員に無理難題を課すような異常事態を防ぐことができます。

彼らメンバーは、社長に歯向かっても問題ないことが分かれば、奇譚なく正直な意見を寄せてくれます。

社員たちがどういったことに不満をもっているのか。どうすることでより快適な環境を生み出すことができるのか。どうすればお客さまをより喜ばせることができるのか。遠慮なく腹を割って話し合える経営チームだからこそ、これらの課題に対する明確な答えを導き出すことができるわけです。

私のような、考えるより先に動く、感情的な行動派がいる一方で、私の暴挙を正論で食い止めてくれる人物がいるのは、会社を安定的に経営していくうえで非常にありがたい話です。

このように経営メンバーの人選はたいへん重要です。バランスに気を配り、メンバー全員の意見を吸い上げながら、偏りのない組成を心掛けます。

運動会開催もチームで熱く議論

経営チームによる話し合いの招集頻度は、月1から2回程度が適切です。経営メンバーで話し合ったほうがいい議題をメンバーそれぞれがあらかじめ決めておき、事前に共有してから会を開くのが望ましいです。

基本は結成メンバーだけの集まりですが、ボーナス査定の際は各部門の部長や副部長にも集まってもらうなど、話し合う内容に応じて規模を変える工夫も大切です。

経営メンバーで話し合う議題例ですが、まずは売上や予算に関する話は外せません。会社経営の心臓ともいうべき核の部分です。

ここで大活躍するのが経営計画です。経営計画に書かれているとおり、数値計画や行動計画が進んでいるかを確認し話し合います。

数字が芳しくない場合は、どこの部門で、どういった原因が考えられるのか、そして対策としてはどのようなものがあるか、経営メンバーたちが奇譚のない意見を出し合っていきます。

議題は、社員のこと、お客さまのこと、社内のルール見直しなど、多岐にわたることを押さえておきます。

基本的なことですが、議題がいくつもある際は、円滑に進めるために、事前に議事次第やアジェンダといった資料を準備しておくことをお勧めします。

話し合い時のポイントとして、社長は聞き役に徹しましょう。経営チームが熱心に意見をぶつけ合うのを見守り、各々の考えを整理し、「異論はないですか」「次の議題へ進んでもいいですか」と、進行役を務めることがチームにおける社長の主たる役割です。念を押しますが、決して社長の独演会にはならないように留意します。

とはいえ社長も我慢しっぱなしというわけではありません。理念に反する行為や言動があったときや、経営計画のとおりに経営が進んでいないと判断した際は、組織の代表として活を入れることも大切です。

もちろん社長が発案し経営メンバーで話し合うケースもあります。どうしても通したい提案があれば、熱心にプレゼンすることも必要です。

私が社長だったころのことですが、社員全員での運動会を開催したく、熱心に提案したのですが、メンバーからの反応は今一つでした。特に懸念されたのが「プログラム進行や準備など、細々した作業を担当するであろう総務が楽しめない」という反論があり、私も「ごもっともだな」と口をつぐんだものでした。

結局このときは否決となったわけですが、どうしても諦めきれなかった私は、その後に改めて提案し、「もう私も社長を退く身だから」と手を合わせて頼み込みました。また、先ほどの懸念事項について「運動会の進行を一手に引き受けてくれる代理業者にやってもらう」

と懸念打開案も付け添えました。これにはメンバーも納得してくれ、運動会は無事に開催に至ることとなりました。

社内でも賛否両論のあった運動会開催でしたが、終わってみると「楽しかった」「もう一度やりたい」という意見がそこかしこから出てくれたのは、提案した身として万感の思いでありました。

このようなことも、経営チームの議題とし、熱心な議論を交わし、多角的な視点でもって最終判断を下しましょう。社長の提案であっても、おかしな点があればあっさり否決されるものであるべきです。

すべて社長の独断で決まってしまい、社員が意見を出せないような風通しの悪い組織では、社員は窮屈な思いをするだけです。会社の成長が止まるどころか、人材が離れていってしまう一因にもなりかねません。経営チームを有効活用して、風通しのよい組織体制をつくりあげることが大切です。

組織を大きくしたいなら、人事評価制度を見直そう

マクドナルドの人事評価制度

マクドナルドのアメリカ本社は、日本の重役に、定期的に「あなたのポジションを継ぐ人はいるか」という質問を投げかけるそうです。後任を見つけていない場合、その社長の評価は非常にネガティブなものとなります。後任を見つけているかどうかが、人事評価において重要なウエイトを占めているということです。

アメリカの大手企業の多くが、マクドナルドのように後任の有無を重視しています。日本にはあまり、このような価値感覚は根付いていないように思います。アメリカは日本に比べて、極めて論理的な視点を正しくもっています。すなわち、人類の繁栄と同様に、会社の命をつなぐための準備を、淡々と計画的に進めているのです。

後任の有無を重視するのは「あなたをいつでも解雇できるよう、代わりを用意しておきたい」といいたいわけではありません。「後任が見つかり育ちきったら、ポジションを譲って、あなたはもう一つ上のランクへ進みなさい」といいたいのです。

会社の規模を大きくするうえで、社長はこの発想を欠かしてはいけません。

要するに、重要な役職の人間にまず課すべき経営計画は、「その重要な役職を引き継ぐ人を探して育てる」ことなのです。

期限はおおよそ3年くらいを見積もっておきます。この計画の達成未達成を、人事評価においての3分の1くらいのウエイトを占めるようにするのです。達成できなければ、降格もあり得るくらいの評価にすることが重要です。

例えば部長職なら、3年以内に次の部長にふさわしい人に目星をつけて育てることが、部長の重要な役目であり、経営計画に盛り込む内容の一つとなります。そして無事に後任を育てることができたら、部長職を引き継いでもらい、自身はさらに上の役職へ出世か、あるいは新設した役職に就くように組織をつくっていきます。

このような人事評価と組織体制が確立されれば、会社は必然的に規模を拡大し続けることができます。

伸びない会社の多くは、重役が同じポジションにのさばり続けて、後任を育てようとはしません。それどころか、出世しそうな能力のある人間を、叩いてふるい落とそうとするから困ったものです。

重役の椅子にしがみつき「誰にも譲らん」と駄々をこねる人がいるから、会社は大きくならないのです。このような人は役職失格であり、人事評価のうえでは大きくマイナスとしましょう。降格も辞さないという評価にします。

「後継者を育てる」という経営計画を順調に進めていたら、人事評価で高めをつけてあげ、報酬も上目に設定します。こうすることで、役職をもつ誰もが本腰を入れて後任を探すようになります。

売上に直結しない成果も評価する

役職の人事評価から話を展開しましたが、すべての社員においても同じことがいえます。人事評価の際は、経営計画に書き込んだ各々の計画が、きちんと達成されたかどうかを重要視しましょう。

こうすることで、売上などの数値結果に直結しない、種まき要素の強い計画も評価することができ、公明正大な人事評価を成し遂げることができます。

当然ながら、これら人事評価も社長の一存で決めていいものではありません。経営メンバーに加え、各部長など肩書きをもった人を集めて、全員で意見を交わし合って、昇給やボーナスなどを決めるべきです。

こうすることで、「自分のやったことがきちんと評価されている」と社員は実感することができ、より社内での業務と経営計画達成にやる気をみなぎらせてくれます。

組織を大きくしていきたいのなら、トレンドの事業に飛びつくとか、コスト削減に血眼になるのではなく、まずは経営計画に基づいた人事評価を行い、社内組織の強化から着手します。

◆バトンタッチの準備をするための社長の心得③

- ・社員がワクワクしながら成長できる経営計画を作成せよ！
- ・経営計画は、みんなでつくり、みんなで未来ビジョンを共有するべし！
- ・計画は達成できるかどうかのギリギリのラインを突け！
- ・熱い人材が集った経営チームを結成せよ！
- ・経営計画の達成度を人事評価に加えて社員のやる気を上げよ！

第4章

後継者を育てられない社長は、無能と思え！ 1年以内に後継者を決めて会社を強くせよ

「自分は死なない」と思っていませんか？

もしトップが突然いなくなったら

「もしトップが突然いなくなったら」

という仮定を、毎日の業務に追われる社長自身がじっくり腰を据えてイメージする機会は、あまりないようです。働いている社員たちも当然、そんなことを考える暇などないでしょうし、そもそも考える必要がありません。

しかしもしも、社長に突然病魔が襲いかかり、経営者としての能力を失ってしまったら、あるいは、病気や事故で亡くなってしまったら、トップ不在の会社がどういった状況に陥ってしまうかの危機管理シミュレーションは、社長自身があらかじめしておくべきことの一つになります。

「もしトップが突然いなくなったら」に備えて行動を起こすべき人物は、これも当然社長自身です。トップ不在でも会社が機能するよう、ここまで紹介してきた理念や経営計画の徹底実践はもちろんのこと、自分に代わって役目を担う後継者を、早い段階から育てていき、不測のトップ不在で会社全体が動揺してしまう前に、円満な事業承継を成し遂げるべきなのです。

「社長、社長がいなくなったあとの会社経営を見越して、事業承継の準備をいますぐ始めましょう！」

私はコンサルティングしている会社の社長によくそのような提案をしているのですが、ピンとこない社長は多く、積極的に行動へと移してくれません。彼らはどうやら、死生観というものをもち合わせていないのです。「自分は死なない」という勘違いのなかで経営を続けているのか、あるいは「自分の死んだあとなんて知ったこっちゃない」という自分勝手な人たちといえます。

後継者探しは社長の「義務」

中小企業庁によると、2025年ごろまでに70歳を超える日本の中小企業の経営者数は245万人に達するといわれています。また、後継者のいない中小企業の数は、実に127万社にのぼるといわれています。全体の3割が、後継者を育てることができていない、あるいは、育てる努力をしていないのです。

あまりに危機感がなさすぎる、といわざるを得ません。

この127万社の社長が、引き続き後継者候補を見つけることができず、死生観をもたないまま事業を続けていったら、127万社で働く社員たちの運命はどうなるのでしょうか。最悪な悲劇を寸前で回避できた例を紹介します。

あるとき、本当に何の前触れもなく、社長が逝去された、ある中小企業の話です。まだ若く、精力的に活動されていた社長は、まさか突然亡くなるとは思っていなかったことでしょう。子どもはおらず、会社を継ぐ後継者候補もつくっていませんでした。社長が会社の株をもっていたので、必然、その株はすべて奥さんへと相続され、社長も急きょ奥さんが引き継ぐ形となりました。

ここまではなんとか、前社長の死に戸惑いを隠せないながらも、会社を存続させることができたのです。

そのあと、奥さんは再婚したのですが、その再婚相手というのが会社に不幸をもたらす引き金となりました。再婚するや否や、「会社の役員になり役員報酬を受け取りたい」と言い出したのです。

これは明らかにお金目当ての要望であり、会社に貢献したいという真摯な思いに端を発したものではありませんでした。

奥さんは再婚相手の提案に従いたい様子でしたが、働いている社員はたまったものではありません。前社長の思いが残っている会社だからこそ、悲しみを乗り越え、ついてきた方々です。それが、会社がどうなるか先行き不安なところに、どこの馬の骨とも分からぬ男が役員になりたいと申し出てきて、自分たちの頑張った成果を横取りしようとしているのですから、会社への貢献意欲が激減するのは当然の話です。

コンサルタントの立場であった我々の説得もあり、紆余曲折を経ながらも、再婚相手が役員になることは避けられましたが、社長である奥さんと社員たちとの間にできた深い溝が埋まることはありません。そのあとの経営にも確実に悪影響を残す出来事となりました。

もしあのまま再婚相手が役員になっていたら、昔からいた実力のある社員は離れ、売上はみるみる減っていたのではないでしょうか。おまけに会社は傾きかけていますから、どこかに譲渡することも叶いません。前社長が身を粉にして人生を捧げて奥さんの献身的な支えもあり、ここまで成長させた会社の破産手続きをし、奥さんは多額の借金を背負うことになっていたかもしれないのです。

あくまで想像の話ではありますが、社長の突然死によって、このような悲劇も招きうる、ということです。

当然の話ですが、人はいずれ死にます。

残される人たちのために、いつ死んでもいいよう、できる限りの準備、最近の言葉でいえば終活をしておくべきなのです。社長の立場であればなおさら、至極当然の義務と心得て、早めの対策と行動を心掛けてください。

「経営がうまくいった」だけでは50点、次にきちんと引き継いで100点

ある歴史の深い大企業では、社外取締役を中心とした「社長指名諮問委員会」なるものを設置し、毎年社長に対して「あなたは今期も社長を続けるか」「あなたが突然死んだとき、誰が後継者になるのか」「後継者をどのように育てているのか」といった質問を投げかけ、後継者探しと育成を重視しています。

老舗で規模の大きい会社であればあるほど、後継者の有無が会社の存続を左右することを熟知している証であり、後継者探しと育成を社長の最重要の務めとしているのです。

「後継者探しは高齢になったら」と考えている若い経営者もいると思いますが、経営が安定

期に入ったら、たとえ若くても、後継者探しは着々と進めるべきです。

死生観をもち、社長がいつ死んでも大丈夫な会社づくりを始めましょう。それが社員とお客さまの幸せを願う経営者にとっての、重要な役目の一つなのだと自覚してください。

70歳を過ぎても社長の座を譲らず、後継者候補も絞らず経営を続けるトップがいます。このような方は、ここまで申し上げてきたとおり、死生観がないか、あるいは後継者の育成がうまくいっていない、事業承継の方法を知らないなど、自分の寿命とともに会社の息の根を止めようとしている無能な社長です！

「自分の代で絶対に会社を畳みたい」というご意向であれば別ですが、多くの社長は、自分が死んだあとも会社が続いていくことを望んでいますし、100年企業を目指すうえでは、後継者への事業承継は絶対に欠かすことができません。

「経営は、うまくいって50点。次にきちんと引き継いで100点」

会社を100年以上続く企業にしたいなら、この言葉を心に秘めてください。

大手企業のなかにも、業績を著しく伸ばすことに成功していても、50点しかつけられない経営者がたくさんいます。トップが有能であることは明白なのですが、下が育っていないため、そのトップが退いた途端に先行き不安となることが考えられる企業が、そこかしこにあります。

よくある話は、いったんは社長の座を譲り会長となったものの、後継者が引き継いだあとの会社の業績が芳しくなく、現社長を降格あるいは追放し、「お前には任せておれん！」とばかりに会長自身がまた社長に戻るというケースです。こんな調子ではいつまで経っても事業承継は達成できませんから、100点をあげることはできませんし、100年企業づくりなど夢のまた夢です。

社長に復任する方のなかには、けっこうなお年を召した方もいます。「社長、明日死ぬかもしれないのに、また戻って大丈夫なの？」と心配になりますが、彼らは口を出さずにはいられない、独裁者タイプに近いようです。経営手腕は天下一品でも、後継者を正しく育てる術についてはど素人ということです。

ちなみに私は、社長職を続けている会社もありますが、グループのほうは2017年会長職に就き、後継者にすべてを引き継ぎました。

ですから、私は70点であると、現時点では胸を張っていえます。理想的な後継者探しと、円満な事業承継をなし得たのは、これまでさまざまな企業の事業承継に携わり、「後継者探し・事業承継の最適解」を追求してきたからにほかなりません。

この「後継者探し・事業承継の最適解」を、このままでは50点評価の経営者の方に考えてもらう必要があります。

事業承継とは「悔しい」ものです

会社存続に必要なのは「譲る側の我慢」

当然の話、後継者に社長の座を譲ったら、前社長は社長としての権限を失います。だいたいは会長に就くのがオーソドックスであり、引き続き経営をこれまでとは別の側面から補佐していくことになりますが、最も強力な権限を持つのは社長であることに違いはありません。

しかしながら、後継者に譲ったあとも、依然として権力は会長である前社長が握り、新社長である後継者は常に会長の顔色をうかがっているような会社も多数実在します。

一見すると事業承継が成し遂げられたように見えますが、もし会長が病気や死亡などで経営能力を失ったら、会長におんぶに抱っこだった社長は、親のすねをかじり続けていた子どものごとく、路頭に迷います。このような経緯をたどり、会社経営が立ち行かなくなってしまうケースを私はいくつも見聞きしてきました。

会長は、どうしても放っておけないのです。自分が丹精込めて盛り立ててきた会社ですから、後継者のすることにいちいち口出しをしたくなってしまうのです。

ここが、上手なバトンタッチを成し遂げ長生きできる企業と、事業承継に失敗し短命に終わる企業の、一つのボーダーだと思ってください。

何事にも不慣れな後継者を見ていて、「自分がいちばん早くできるのに」という、もどかしい気持ちになるのも分かります。しかし、そこをぐっと堪えて我慢し、後継者が育つのを見守ることが、譲った側の重要な役割ということです。

自身の我と、会社を長く残していきたい気持ちの葛藤はいくつも起こります。これは私の事業承継においても何度もありました。だから気持ちは痛いほど理解できます。

しかし自分の我を通しすぎると、前述したように自分からは動けない堕落した後継者が出来上がってしまいます。トップが情けない会社は潰れるほうへまっしぐらです。あるいは、会長と衝突し過ぎて、後継者が「辞める」と言いかねません。事業承継大失敗です。

結論。ここでまず伝えたいことは、後継者に社長の座を譲って、会社を存続させるためには、譲る側には我慢が必要だということです。

「後継者が正しい」にしてあげる

事業承継において大切なことは、社長が正しいと思っていることをすべてそっくりそのまま後継者に引き継がせる、ということではありません。

この点を履き違えている経営者は多いように感じます。

事業承継は、自分のコピーをつくることではないのです。会社に新しい血を注ぎ込み、新しい風を吹かすのが事業承継なのです。

歳を取れば取るほど、考え方は頑固になっていきますし、若い世代の考え方や価値観には同調できなかったり、技術や時代の流れについていけなくなったりします。社長の考え方の「ずれ」が、会社の先行きを不安定にすることも考えられるのです。だからこそ、社長の座を譲り、組織の若返りを図ることで、目まぐるしく移り変わっていく時代に負けない会社を再構築していくという考え方を大切にしなければなりません。

私が後継者を探し始めたきっかけも、「これからの時代は、私の古い考えでは厳しそうだ」

という想いからでした。働き方改革とか、IT化とか、パワハラといった概念など、経済社会のトレンドというのは、年老いた人間にはなかなか理解できないことですし、柔軟には対応しがたいものです。自分が熱心に理解するよう努めるよりも、若い世代に任せるのが早いというのが、私の結論であり、そのアウトプットが事業承継でした。

したがって、後継者から次々と繰り出される提案というのも、前任にとっては理解しがたいものもいくつかあります。それは当然の話であり、理解できなくても寛大に受け入れることが、前任にとっての真っ当な反応です。

後継者の提出したこれまでにない新しいアイデアに対して、「いや、俺たちの時代はこうやってきたから」と、苔の生えた理屈をねじ込んで、自分が正しいと強く論じて封殺するのは、完全に筋違いなやり方です。これでは後継者は育ちませんし、時代からずれたままの会社は生き残ることができません。

事業承継を行う立場に必要なのは「後継者が言うことが正しい」にしてあげる心掛けです。理念にさえ従ってくれていれば、何をしてもいいのです。後継者の提案に対して真っ向から否定するのではなく、実現のために、自分はどのようなサポートができるのかを考えるべきなのです。

経営計画で衝突を回避する

事業承継とは本当に本当に悔しいものです。

譲ったあと、前社長に強力な権限はありません。最終決定権は後継者にあるのです。会長になったあとも意見を通そうとして、後継者とたびたび衝突し、挙句には重役連中で「会長派」「社長派」という派閥争いを生み出してしまったら、下で働いている従業員たちは会社の将来に不安を感じてしまいます。会長と社長がお互いの足を引っ張り合って、経営が順調にはいかなくなってしまうことも考えられます。

ですから、譲った側、会長になった側は、じっと我慢するのです。むしろ社員全員が「新社長派」になってもらうような道をつくってあげるべきです。「社員はみんな後継者の味方、私の意見に同調してくれる人なんて一人もいない」というくらいの孤独感を味わえたら、事業承継成功です。

自分が盛り立ててきた会社ですから、思い入れが誰よりも強く、思いどおりにいかないのは悔しいこととは思いますが、それが事業承継であることを覚悟しましょう。この覚悟なしでは事業承継はなし得ず、自分が亡きあとも続く会社をつくることは叶いません。

「こちらが我慢した挙句、経営に失敗してしまったらどうするんだ」

という反論があるかもしれませんが、そうならないために活用するのが、前章で登場した経営計画です。

経営計画は、譲る側と譲られた側との間の合言葉のような存在です。計画から大幅にずれた結果が出ているようであれば、会長は我慢せず社長を問い詰め、会長なりの見解や助言を述べるようにします。また社長側も、計画から大幅な変更や修正を行う際は、会長に相談報告します。それ以外の、計画に沿った行動は、基本は社長案件として推し進めていけばいいのです。

このように経営計画さえきちんと整っていれば、無意味な衝突を避けることができますし、会長と社長の間で折り合いがつかず経営が傾いた、という事態も回避できます。

1年以内に後継者を選ぶポイント――親族、従業員、社外

なぜ社長の年齢や会社の現在地に関係なく、後継者を早急に決めることが会社を強くするのかについて考えていきます。

後継者を決めると会社が強くなる最大の理由

後継者を決めることで会社が強くなる最大かつ端的な理由としては、「長く安泰な経営を続けている強い企業は、いずれも早い段階で後継者を決めている」という揺るぎない事実が存在するからです。

私はこれまで、100年以上続いている強靭なバイタリティをもつ老舗企業にアプローチし、長続きの秘訣を聞きだすことに力を注いできたわけですが、どの社長も口をそろえておっしゃることが、次のような言葉でした。

「自分が社長のうちに磨きに磨きをかけて、そして次の世代につなぎたい」

悲しいことに、世の中の社長のなかには「自分が社長のときだけ安泰であればいい」という、利己的な思考をもって経営に臨む人も少なくありません。そしてそういった歪んだ思

想がこびりついた企業はいずれも、事業の規模関係なく、社長の引退時期が近づくとともに先細りの傾向にあります。目先のことしか見ていない、利己的な社長がつくる組織で働く人たちは、会社とともに成長していくだけのやる気と推進力を保持できないからです。

一方で、先ほどの老舗企業の社長のように、次の世代へつなぐことを大前提とした経営を続けていれば、そのような先細り一辺倒な事態に陥ることはありません。「私が引退したあとも、会社は繁栄していく」という信念のもとに社長が指揮を執っているのであれば、そこで働いている社員たちも「私たちも長い繁栄のためにできることをしていこう」と、目線とやる気を高めて、会社とともに成長していけるからです。

ですから、まずは社長自身が経営計画に「1年以内に後継者を決める」と書き込むことが、会社を強めるための第一歩となります。もっと言ってしまえば「○年後に社長を引退する」ための、社員や後継者、そして会社の育成の具体的なプランを立てた「社長引退宣言」をすることが、100年以上続くような強固な会社づくりへとつながることになります。

最も多い「親族内承継」の留意点

まずは後継者候補を絞っていくことからスタートとなりますが、その候補対象というのは、親族、従業員、社外など、さまざまに挙げることができます。それぞれを候補とする利点や懸念点などを理解する必要があります。

比較的大きな会社であれば、業績に大きく貢献し、出世コースを駆け上がってきた人が、年功序列式に社長に就くのがオーソドックスとなっています。なかにはアルバイトから正社員、部長職や重役へとのしあがり、社長に就くケースもあります。

これはあくまで、従業員を大勢抱え、組織づくりが徹底された大企業の話であり、中小企業となってくるとかなり事情は変わってきます。

中小企業の場合、最も優先度の高くなる傾向にある後継者候補は親族です。私がこれまでコンサルティングしてきた中小企業の事業承継も、大部分が親族を後継者とする「親族内承継」です。

親族内後継者の代表としては、社長のお子さんが最も多いですが、伴侶に任せることもありますし、いとこや甥姪や娘婿といった、親族関係者が継ぐこともあります。

子どもの場合、必ずしも長男が継ぐとは限りません。能力や本人の意志によっては、次男や長女が継ぐこともあります。

親族が後継者となるメリットは、探す手間を抑えながら、早い段階から準備ができる点です。なにより自分の血筋に会社を受け継いでもらうというのは、創業者冥利に尽きる話といえます。

ただ気をつけておきたい点も多々あります。親族を会社に入れると、なにかとトラブルが発生しがちです。例えば二人の子どもを、会社に後継候補として入れたことで、後々兄弟の後継争いを生んでしまうケースがあります。さらにはいとこ一家を入れたり、娘婿一家を入れたりと、組織に親族を入れれば入れるほど、争いの種が撒かれていくものと思っておきましょう。

派閥が分かれて、会社内でごたごたが起きてしまうと、社内に不安要素が蔓延して業績悪化を招いたり、会社の事業が分断されてしまったりという最悪の事態もあり得ます。

親族内承継でこのような事態を回避するには、親族をたくさん入れることを控えるのと、後継者を早い段階で社長が指名しておくことです。「うちの親族はみんな仲が良いから」と勝手に解釈して、安易に次々と親族を組織へ招き入れることは、自ら争いの種を撒いているだけかもしれません。絶対にやめるべきです。

養子を迎える手もある

親族に後継候補がおらず、しかし同族経営を続けたいのであれば、養子をとって後継者として育てる方法もあります。一例として、社長の遠縁に当たる、同じ苗字をもつ人間を養子に取って、後継者としたケースがあります。

養子を取ることのメリットは、単純に同族経営の引き継ぎが達成できるにとどまりません。離れた新しい血を入れることで、会社のポテンシャルを高められる期待がもてます。

能力の優秀な養子を取って、混迷の時代を乗り越えた老舗を紹介します。

古い話になりますが、鰹節で有名な株式会社にんべんは、明治維新の大改革の最中、旧体制下にあった幕府や諸大名への貸付金や売掛金が焦げ付き、一気に経営難へと陥ってしまいました。そのような混迷のなかで、養子として事業承継した当時の経営者が考案したのが、現代でいうところの商品券やクーポンです。商品の購入権を先払い方式で配布し、キャッシュを迅速に集め、会社を蘇らせることに成功したのです。完全な世襲方式で、旧体制に縛られ価値観の限定された人物が事業承継していたら、このような窮地を脱する革新的なアイデアは、生まれてこなかったのではないでしょうか。

このように、優秀な血を養子として招き入れることで、窮地を脱したり、会社を劇的に変えたりすることも可能となります。

社内で後継者を決めるなら従業員全員が候補

親族内承継が難しい、あるいは親族に継がせる意向がないのであれば、「親族外承継」を行うことになります。親族外承継でまず後継者候補となるのは、会社内の人間です。

中小規模の会社であっても、従業員のなかから後継者を決めるケースはよくあることです。私もこのパターンで、社員のなかから後継者を選びました。

基本は、役員や部門長といった上部のポジションにいる人物が後継者の最有力候補になるでしょうが、スタートラインの思考としては「従業員全員が社長候補」と認識しておくべきです。

人材には適材適所があり、側近としては優秀でも、トップに立つと自身の能力を存分に発揮できない人もいます。選択肢を広くする意味で、肩書きの上下関係なく、公正な目で従業員全員を候補として、慎重に絞り込んでいくのが、社内後継者選びの重要ポイントです。

会社や同僚たちのことをよく知っていて、なおかつ会社思いの人物をトップに就かせられる点が、社内の人間に事業承継する最大の利点といえます。

ただし、社長お気に入りの人間を後継者に選んでしまい、ほかの従業員たちの反感を買ってしまうケースもしばしば起こっています。社長の一存だけで社内から後継者を決めてしまうことは、大きなリスクをはらんでいるということです。会社は、社員全員のものであるという気持ちで、全員が納得できる後継者選びをしたいものです。

社外から連れてくる際は要注意

親族内や社内で後継者にふさわしい人が見つからなければ、会社の外に目を向けます。社外から後継者候補を見つけてくるのは、歴とした事業承継の一つですが、注意事項が多くあるので、事業承継のなかでは優先順位の低い手段に位置付けるべきです。

社外の人間を後継者にすることの最大のデメリットは、「どんな人物か分からない」ことです。

一体どんな人物が会社の代表となるのか、社員の多くが把握できておらず戸惑います。会社が今後どのような展開を迎えるのか、自身がどのような扱いを受けるのか、社員が一抹の不安を抱いてしまうことは避けようがありません。

一方で、社外から来た後継者候補もまた、その会社において自分が新社長としてどのような役割を担い、振る舞いをすればいいのか、まったく理解できていません。業務内容はもちろんのこと、社員たちとの信頼関係づくりにおいても、譲る側が慎重かつ丁寧にフォローしていく必要があります。

社外から後継者候補を連れてきて、「あとはよろしく」と社長の座を明け渡したら、一時的な混乱を招くことは必至です。そのようなやり方で事業承継に失敗した会社は、大手中小問わず、枚挙にいとまがありません。

私がアドバイスしている会社でも、社外から招き入れ後継者としたパターンがいくつかありますが、いずれも馴染むまでには時間が掛かっていました。社内の統制が整うまで、一時的に会社の業績が停滞してしまう事態も、想定しておくべきです。

社外から後継者を連れてくる際は、慎重に慎重を重ねましょう。いきなり社長に就任させるのではなく、まずは取締役の役職あたりから始めて、少しずつ社内に溶け込ませていく期間は必須となります。日々の業務だけでなく、後継者に対して理念やビジョンの浸透を徹底し、経営計画づくりにも参画してもらい、会社の本質的なところを知ってもらう工夫を凝らすべきです。

また、社員に対しても、ケアを怠ってはいけません。結婚前の交際期間のごとく、後継者と社員がお互いを知って交流を深め信頼を築いていく期間は必ず設けます。

スペシャリストよりはゼネラリスト

会社というのは、常に同じタイプの社長がトップに立っていることが、必ずしも存続につながるエッセンスになるとは限りません。会社の規模や時代の流れに応じて、柔軟に経営陣のタイプを変えていくことも、経営を永続させる秘策の一つとなります。

特に、創業者から2代目へのバトンタッチでは、同じタイプを承継させるのは黄色信号です。

初代は、何かを専門とするスペシャリストで、猪突猛進型で、「考えるより行動」するタイプがふさわしいといえます。人並外れた決断力とスピードがないと、創業直後の不安定な時期を乗り越えることは難しいからです。

しかし、2代目以降となると、経営は安定期に入っているころでしょうから、現状を俯瞰し、将来ビジョンを明確にしながら、冷静に判断行動でき、なんでも器用にこなせ、資産を大切に管理運用できるゼネラリストタイプがふさわしい傾向にあります。

「社長には行動力と周りを引っ張っていくだけのカリスマ性が必要だ！」という経営者論

を展開する方もいますが、これは後継者には必ずしも当てはまるものではないということです。カリスマ性は初代には必要であっても、2代目以降には必要がありません。なぜなら、周りを引っ張っていく求心力の役目は、理念やビジョンが引き受けてくれるからです。後継者は、その理念とビジョンの浸透を徹底する術を、先代から引き継いでいけばいいわけです。

周りを引っ張るようなタイプではなく、むしろ社員と一緒に並走して前を進んでいけるタイプのほうが、後継者には向いているといえます。

後継者は能力よりも人徳重視

能力は後付けでいい

後継者を最終選別するうえで、最も重要な要素は、後継者は「能力」で選ぶのではなく、「人徳」で選ぶべきだという点です。

こういうことをいうと「いやいや、能力がなかったら社長なんて務まらないよ」と反論する方がいますが、決してそんなことはありません。能力なんてあとから身につけていけばいいのです。

譲る側である社長が指導者となり、後継者を決めた段階からはもちろんのこと、社長を譲ったあとも引き続いて、社長としてのあり方を伝授していくことで、後継者に社長としての能力を身につけさせることができます。

念のため断っておきますが、この後継者への指導とは、経営にいちいち口を出すことではありません。社長としての自覚を高めてもらうためのアドバイスをし、社長としての素質を引き出してあげることになります。

「指導だけではなかなか能力を伸ばすことができない」と思うのであれば、これまで紹介してきた理念や経営計画、あるいは経営チームに頼ればいいわけです。社長の足りない部分を補ってくれる仕組みが確立されていれば、事業承継によって経営が傾くといったことは起こり得ません。

謙虚さのない後継者はダメ

非常に残念なことに、人徳が優れていない人物が後継者となるケースを私はいくつも見てきました。

社長のお子さんが継ぐ場合で、特にこのケースが多い印象です。親の悪いところだけを見習い、事業承継した途端、社員やお客さまにまで偉そうに振る舞う後継者があとを絶たないのは、日本の未来を考えるうえでたいへん由々しき事態です。

先輩社員を呼び捨てで怒鳴りつける、「ありがとう」の感謝の気持ちを示さない。無礼の数々を挙げればきりがありません。そのような態度の2代目ボンボン社長を、私は実際にこれまで嫌というほど目撃してきました。

おまけに社長としての能力も未熟だったとしたら最悪です。わがままやりたい放題の2代目に振り回され、会社の寿命が一気に縮まる原因になってしまいます。社員から見れば「親の七光で社長になれただけなのに」というやるせない気持ちが拭えず、会社への貢献意欲はみるみる減っていくことになります。

自分の子どもに継がせたいという気持ちは十分に分かりますが、ものには正しい順序があります。まずは社長としての資質があるか、社員に慕われる人徳があるかは、いくら親であっても、きちんと客観的な目で見る必要があるわけです。

子どもに継がせる話から展開しましたが、親族であっても、社内外の人間であっても同様です。

当然な話ですが、会社は従事してくれる人がいてこそ成り立ちますから、社長には人がついてきてくれるだけの人徳が欠かせません。

能力はあとからでもなんとでもなりますが、人徳だけはどうにもならないのです。後継者選びにおいては、この点は常日頃から念頭に置いておくことが大切です。

「社長だから偉い」という馬鹿げた発想をもつ人を、新社長に迎えては絶対にいけません。社長であっても、驕り高ぶることなく、謙虚な人であるべきです。

さらには、自分の意見は絶対ではなく、社員の意見にもじっくり向き合う素直さや、「会社があるのは社員みんなのおかげ」という感謝の気持ちを常にもち合わせ、社員の幸せを願い、毎日ワクワクしながら社長業務に就けるような、そんな人間を後継者として迎えられると、社員たちも安心してついてきてくれます。

これらはまさしく「当たり前の話」なのですが、まったく考慮されていない事業承継は世にいくつも存在するのです。

客観的な意見をたくさん取り込むべし

人徳とは定義の難しい概念であり、人によってもとらえ方はさまざまですから、後継者を人徳で選ぶという課題は、社長にとってある意味ハードルの高いものかもしれません。

特に社長一人で後継者を選ぶとなると、主観が強すぎて、客観的には「まったく人徳が重視されていない」と見られても仕方がない事業承継になりがちです。したがって、客観的な意見をできるだけ取り入れたうえで、後継者選択をするべきであるといえます。

当社でも「ふさわしい後継者を決めてほしい」と、客観的な視点を求められる相談は多く受けます。社長自身で候補は何人かまでは絞れているものの、どの人物も能力面では甲乙つけがたく、社長が決めかねてしまっているというのがよくある現状です。

そこで最終判断材料として人徳になるのですが、社長の主観だけでは決められず、我々の出番となります。

決めるうえで各候補者との綿密なディスカッションは欠かせません。ときにはお酒を酌み交わしながら、その人の本質的な部分を見抜き、人徳を見出します。

さらには従業員からもヒヤリングを行い、どんな人が社長だといいか、逆にどんな人が社長だと嫌なのかも聞き取ります。社内の人間同士では抽出できない率直な意見も、私たちのような第三者が入ることで吸い上げることができ、理想的な事業承継達成の足掛かりとなります。

従業員アンケートで後継者候補を絞る方法も

全員が納得した形での事業承継を達成するために、従業員全員を対象とした社長候補アンケートを実施するのも一つの手段です。

事実、私の後継者もアンケートを参考にして決めました。

社長の座を譲ると決めた3年前にアンケートを実施しました。役員、社員、パート、当社に関わってくれているすべての人が対象です。

聞いたのは一点、「次のリーダーは誰がいいですか」のみで、好きにコメントも添えてもらうようにしました。自己推薦も大歓迎です。

アンケートを見るのは私だけ。これは一つのポイントといえます。役員たちで共有し合うといった前提があったら、本音をアンケートに反映してくれる従業員はほぼいなかったと推察しています。

「この人がいいです」という指名だけでなく、「この人が社長になったら私は辞めます」という手厳しいコメントもありました。

アンケートの実施によって、私の独断ではなく、従業員一同で社長を決めることができました。これほど客観的で理想的な後継者決めの方法はないかもしれません。

結論として、当社の場合はこの方法が功を奏し、人徳のある素晴らしい人物が後継者に選ばれ、みんなが納得できる事業承継を達成することができたのです。

アンケート作戦はすべての事業承継でお勧めできるものではないかもしれませんが、一つの方法として一考の余地ありです。

「いきなり社長」はNG！

「試用期間」は必ず設ける

事業承継で最もやってはいけないタブーは、後継者候補をいきなり社長に就かせてしまうことです。

後継者が親族であれ、社外の人間であれ、もちろん社内から選んだ人材であったとしても、いきなり社長にして、うまくいくことなどほぼあり得ません。私が知る限りでは、順風満帆な事業承継になったという話は聞いたことがありません。

社外から引っ張ってきていきなり社長にした例はすでに紹介しましたが、子どもをいきなり社長の椅子に座らせた例もたくさんあります。子どもを社長に就かせるのであれば、肩書きのない社員として入社させ、ほかの社員と同様に現場を経験させ、少しずつポジションを上げていき、会社の業務全般と、社長の業務を見せてから、社長の座を譲るべきです。

それら正当な手順をすべて飛ばして、いきなり事業承継させるケースがいくつもあるのです。

なぜそのようなことをするのか。それは、「子どもが社長の器でないことを周りに知られたくない」という親心から、いきなり社長に就かせるという面があります。この手の後継者はたいてい、社長としての能力に乏しいだけでなく、人徳にも欠けているところがあります。当然、経営はこの事業承継を境に下り坂へと差し掛かることになります。

社長としての器がないのにトップに就かせたら、立派な独裁経営のできあがりです。業績が上がらないのを自分の責任とはせず、口ばかり達者で、社員を叱ってばかりいます。当然社員は面白くないですから、士気が下がり、多くは去っていき、事業規模は縮小していくばかりとなります。

そのような終末を迎えることのないよう、社長の椅子に座らせる前に、必ず試用期間を設けましょう。1年以内に後継者を決めることはしても、いきなり社長にするのはご法度です。

形だけの事業承継にしないために

「自分の言うことをなんでも聞くから」という理由で、いきなり事業承継する人がいます。例えば側近として長く仕えていた、社長の言うことをなんでも聞くイエスマンを後継者に抜擢するのです。

社長は会長となり、その側近が新社長に就任しますが、これはいわば形骸化した形だけの事業承継です。新社長は単なる操り人形であり、実質的な権限を握っているのは引き続き前任者である会長です。

後継者は操縦桿で、操縦するのは会長という状況ですから、もし会長が年齢や病気などを理由に経営から退いたら、操縦者不在となり、会社は自ら動いていく推進力を失います。

これは大企業でもやってしまいがちな事業承継の失敗例です。会長に抗えないイエスマン後継者は、社長としての才能が開花しないため、業績を伸ばすことはできません。結局しびれを切らして、会長がまた社長に戻り、後継者はお役御免となります。

このような間違った事業承継をする人たちは気づいていないのです。「後継者を育てる」という意識をもたず、ただただ自分の意見が通る気持ちのいい環境をつくって、事業承継をした気になっていただけだったということを。

前述のとおり事業承継とは悔しいものです。会社の将来を考えるなら、イエスマンを後継者にするのではなく、むしろなんでもノーと食ってかかってくるくらいの気概を有した、会長の敵ともいえる人間を社長に置くべきです。

なんでも気兼ねなく意見を交わせる経営チームをつくり、まずはそこへ後継者候補を入れることで、このような中身のない事業承継は免れることができます。

後継者候補を絞ったらいきなり社長にするのではなく、社長になるまでの階段を少しずつ駆け上がっていくステップを譲る側が用意してあげる必要があります。

子どもに継がせたいのであれば、なるべく早い時期からの「社長になるための教育」が必要です。

親族や社外、あるいは社員のなかから選ぶ場合は、まずはなんかしらの役職をつけ様子を見ましょう。きちんと責任をもち業務をこなして、周りからも慕われる人徳のもち主であると判断できてから、経営チームへの加入を経て、社長に就いてもらうようにしましょう。

「私が会長になっていろいろと面倒を見るから、いきなり社長でも大丈夫」という考えはいわば過保護であり、「自立した後継者」を育てる意識が欠けている証拠です。いつまで経っても後継者は社長としての素質を磨くことはできません。社長に就かせた時点で、社長としての資質を十分に満たしていないと、社員はついてきてくれませんし、会社がうまく機能しなくなってしまいます。

この点、十分すぎるくらいに注意すべし、です。

後継者候補に尋ねたい3つの質問

「継ぐ気はありますか？」でやる気を探る

後継者候補を絞ることができたら、経営チームに入れたり社長の仕事を見せたりしていく前に、まずは後継者候補の「意識調査」をする必要があります。

「継ぐ気はありますか？」

調査の第一段階として、この質問は必ず投げかけるようにします。

社長だけで勝手に判断し、後継者候補として手塩にかけて面倒を見てきたのに、いざ事業承継という段階で「継ぐつもりはありません」と断られてしまったら水の泡です。そうなる前に、必ず本人の意思を確認します。

要するに、社長は後継者の能力や器だけでなく、やる気も見定めるべきなのです。絶対にやってはいけない事業承継は、社長の肩書きがほしいだけで、社長としての自覚が欠けた人を後継者に選んでしまうことです。やる気のない人物が社長になってしまったら、会社全体の活力も失われてしまいます。能力だけで後継者候補を絞ってしまったがために、このトラップにはまってしまうケースは、規模が大きく利益をたくさん出している企業ほど多いと感じます。

なんとなくで社長が務まるはずはありません。まして役員報酬や地位名誉といった物欲だけで、社長の椅子を狙っている人を後継者にしてはいけません。ただのお荷物社長に成り下がるだけです。

会社のことを思っていて、後継者としての覚悟をもち、会社をより発展させていく気概に溢れている人物かどうかを、「継ぐ気はありますか？」という質問を通して探っていきましょう。

社長としての資質の有無は、試用期間である経営チーム参画後に吟味すればいいのです。たとえ社長としてのパワー不足を感じたとしても、サポートして時間をかけて力を付けてもらえればいいのです。理念の浸透や経営計画が徹底できれば、不足分は十分にカバーできます。

「どうすれば継いでくれますか？」で懸念材料を引き出す

「継ぐ気はありますか？」の質問に「ノー」の返事をもらった場合のことも想定しておきま

しょう。ほかにも後継者候補がいるのであれば、そちらに声をかけられるという方針転換もいいでしょうが、ほかに選択肢がなかったり、「どうしてもこの人を後継者にしたい」という気持ちが強かったりするときは、諦めずに説得を続けるべきです。

そこで投げかけたい質問がこちらになります。

「どうすれば継いでくれますか？」

以前、ある社長から「息子に事業を引き継がせたいので説き伏せてほしい」というご依頼を受けたことがあります。

子どもは兄弟二人いて、社長は継いでくれるならどちらでも構わないご意向でした。しかし、社長がいくら頼み込んでも、彼らは首を縦に振ってくれません。親子という微妙な関係もあって、なかなか本音をぶつけ合うこともできず、平行線をたどってばかりいた様子です。私が間に入り、どちらかに後継者になってもらうよう働きかけることとなりました。

我々のリサーチでは、兄弟どちらも、社長としての能力・人徳ともに申し分ない人材でした。しかしどちらもすでに本業をもっていて、あとを継ぐことに対して抵抗感をもっていました。

そこでこちらから「どうすれば継いでくれますか？」と質問をしたところ、次男は「本業で食べていきたいので絶対に無理です」と気持ちを変えてくれませんでしたが、長男からは「借金がなくなったら継ぐことも考えたい」という返事を引き出すことができました。

社長を継ぐということは、事業を承継すると同時に、場合によっては社長の背負っている負債も承継することになります。長男はこの事実がどうしても消化できず、あとを継ぐことに気持ちは前向きになれても、引き受けることができなかったのです。

そこで社長には「事業承継よりもまず、負債をなくし、財務状況を改善することを最優先事項として取り組みましょう」と提案しました。

時間は多少かかるものの、当グループにとっては専門分野ですから、難しいことではありません。無事負債が解消されれば、満を持しての事業承継が行えます。財務が良くなって、なおかつ次代にバトンも渡せるのですから、一挙両得ともいえるプランです。

このように、社長をやることそのものに抵抗感はなくても、財務状況や人間関係など、ほかのなんかしらの要因が気がかりで、後継者候補が「イエス」と答えてくれないケースもあります。

いちばん多い後継者候補の懸念事項は、「社長になったあとも、会長職に就いた先代の顔色をうかがわないといけないのか」という不満や戸惑いです。ここまで何度も強調してきたことですが、このような形だけの事業承継は無意味なのです。

社長の椅子を譲ったら、たとえ会長として引き続き会社にいるとしても、譲った側は新社長のサポートに専念し、徹頭徹尾、社長の肩をもつ存在になるべきです。「事実上、いちばん偉いのは私だ」といわんばかりに、なんでもかんでも口出しするようなことを先代は決してしてはいけません。「そんなに口出ししたいなら、あなたがまた社長に戻ればいい」と後継者に言われてしまったら、元も子もない話なのですから。

事業承継では、両者の間で約束事項をきちんと決めましょう。親しい間柄であっても、なあなあで済ますのはよくありません。

このときに活躍するのは経営計画です。経営計画に即したことを後継者がやっている限り、譲った側はとやかくいってはいけません。もし経営計画に書かれていないことをするのであれば、事前に相談してほしい、とお願いしておきます。

こうすることで後継者候補も、「こちらのやり方でやれるんだ」と、自身のイメージどおりに社長業に集中できることを認識できるので、懸念を振り払い、承継への意志を強めてくれます。

「理念やビジョンを大切にしてくれますか？」で思いを託す

後継者のやる気を確認し、懸念材料も払拭できたら、最後の質問です。

「理念やビジョンを大切にしてくれますか？」

これに「イエス」と返してくれたら、もう後継者への引き継ぎは完了したも同然です。

理念とビジョンは先代の思いや生きざまが反映されたものですから、これらを大切にしてくれるということは、先代の経営が受け継がれ、社員たちが路頭に迷うことのない、万全な事業承継を約束してくれたことを意味しています。

理念を旗印に、ビジョンを目指した経営が続けられるのであれば、先代は後継者に細かく指示を出す必要はありません。信じて任せて、理念やビジョンに則って成長していく社長や会社の姿を、心穏やかに見届けることができます。

ただし、理念やビジョンという概念そのものは大切にすべきですが、内容を変えずに後生大事にし続ける必要はありません。時代の流れや事業規模によっては、先代の理念やビジョンどおりに動くと経営がうまくいかなくなることも十分に考えられますから、定期的に見直し改新していくべきです。

ですから「理念やビジョンの中身は絶対に変えるな」という命令は無粋です。根本の部分はそのままに、時代に応じて変えてもよいことは伝えましょう。

本書では理念や経営計画の重要性を何度も説いてきましたが、後継者に投げかける質問においても、これらが非常に重要なカギを握っているということです。

以上の3つの質問さえ済ませば、もう気にすることは何もありません。あとは後継者を経営メンバーに入れ、時間をかけながら少しずつ社長の実務を仕込んでいけばいいわけです。

これぞまさに理念や経営計画の力を存分に発揮させた、王道の事業承継なのです。

もし「子どもに継がせたい」と決めたなら

早い時期からの意識改革が必要

後継者候補について吟味した結果、「やはり後継は自分の子どもがふさわしい」という結論に達することもあるでしょう。しかし、子どもがまだ幼い場合は、後継者に指名することはできてもすぐにバトンを託すことはできません。時間をかけて、後継者としての資質を育てていくことになります。

実際、中小企業の社長の多くは、子どもに事業承継させたい気持ちが強いようです。「子どもが会社を継ぐ気になってくれない」という悩みを打ち明ける社長とは、これまで何度も出会ってきました。

私も、本音を申し上げますと、子どもに会社を継いでほしいという気持ちはありました。しかしあるとき、まだ小さかった子どもに、「会社を継ぎたいか」と尋ねたところ、間髪入れず「絶対に嫌だ」と返されてしまいました。理由を尋ねたところ、このように言われたのです。

「お父さんはいつも仕事で、家にいなかったから」

非常に痛いところを突かれました。反論する余地はなく、私は子どもに事業承継してもらうことを諦めるしかありませんでした。

私は家族に寂しい思いをさせながら、仕事にのめり込み、会社を大きくしていくことに躍起になっていました。帰宅するときはだいたい酔っ払っているという体たらくですから、子どもは親がどんな仕事をしているかは分からないし、興味を抱くこともないわけです。家で口にする仕事の話といえば、「事業が思うように伸びていかない」とか「社員が指示どおりに動いてくれない」とか、ため息まじりの愚痴ばかりでした。

これでは子どもが父親の仕事に憧れを抱くはずがなく、「いつか親の仕事を継ぎたい」などという発想は、生まれてくるわけがないのです。

もっと自分の仕事ぶりを子どもに見せていれば、そして仕事の楽しさややりがいを伝えられていれば、子どもの反応も違ったのではないか。今さら後悔しても時すでに遅しです。

自分が子どもへの事業承継を達成できなかったからこそ、また、たくさんの「子どもに継いでほしい」という社長の要望に応えるためにも、私は他社の子どもへの事業承継成功事例をたくさん聞き知るよう努めています。

ポイントとなるのは、子どもに早い時分から「自分が後継ぎになるんだ」という意識をもってもらうことです。そしてそのために大切なことは、子どもではなく、社長である親自身に、意識改革してもらうことです。

職住分離問題

「親の背を見て子は育つ」といわれるとおり、子どもは親の影響を大きく受けて育ちます。

ですから、子どもに後継者としての意識を植え付けたいのであれば、親が社長としての背中を事あるごとに見せなければいけません。

昔の時代なら、商人も農家も職人も、仕事場がすなわち住まいとなっている「職住一体」が一般的でした。子どもは小さいころから、親が仕事に打ち込む背中を見ているわけで、自然と「自分もこの仕事を引き継ぐんだな」という意識の芽生えを与えることができていました。

私も小さいころ、父の開いている司法書士事務所によく通っていました。青焼きといって、今でいうところのコピーなのですが、非常に匂いのきついこの作業を、お小遣い目的で引き受けていました。

そのとき見た職場の様子や、父たちが仕事に打ち込む様子に触れることで、「俺もいずれこういうところに勤めるんだな」という意識の芽生えを得ました。今でもあのころの光景と心境を、ありありと思い起こすことができます。

しかし現代は、多くの仕事が完全な「職住分離」となっています。子どもが、親が仕事をする背中を見る機会は、極端に減っているのです。

これでは親の仕事を継ぎたい継ぎたくない以前の問題で、そもそも親の仕事を知らないのですから、円滑な事業承継などできるはずもありません。

だからこそ、職住一体の時代以上に、社長は子どもに仕事をしている背中を見せる意識をもたないといけないのです。

仕事から帰るのは、子どもが眠ったあとの遅い時間だったりしませんか。

休みの日も、接待ゴルフばかりしていませんか。

子どもが起きている時間に帰っても、「疲れた」「社員は何も分かっていない」とネガティブなことばかり言っていませんか。

黙々と晩酌しながら野球やドラマでも観て、子どもとの交流を怠っていませんか。

とある会社の社長は、「子どもに継がせたい」と決めたその日から、「いやーパパの会社って本当に素敵なんだよ」と会社のいいところを子どもに伝えるよう意識しました。すると3年後、学校で「将来の夢」という作文に「パパの仕事を継ぐ」と書いてくれたのだそうです。これには社長も大喜びでした。

このように、親であり社長である自分自身が意識を改め、子どもに仕事のことをポジティブに語ったり、実際に仕事をしているところを見せたりすることで、子どもの考えも少しずつ変わっていってくれるものなのです。

子どもへの理想的な事業承継・社外編

それでは具体的に、どういった流れで子どもへの事業承継を行うべきか。ここでは「最も理想的な」プロセスを紹介します。

まずは子どもに「いずれ自分も親の会社を継ぐのだ」という意識が芽生えるよう、親が子どもへ率先して自覚を促していくことが肝心です。

代々、子どもへの事業承継が成功している老舗会社は、子どもを頻繁に会社へ連れて行き、現場を見せ、社員たちと交流させるようにしています。

社内の仕事の様子を見学させることはもちろんのこと、可能であれば私の幼少期のように、簡単な仕事を手伝わせるのも効果があります。さらには、社員旅行などの会社の行事にも参加させるといいでしょう。社員の方々から「いずれ君があとを継ぐんだから」云々の話をされると、子どもの意識構築に大いに影響を与えることが、老舗会社への取材で見えてきました。

意識の芽生えを促す一方で、子どもの事業承継に至るまでの物質的な筋道もつくっていきましょう。

子どもが学校を卒業し社会人デビューしたら、5年ほどは、自社とは異業種の会社へ就かせることを推奨します。

ここでまず注意してほしいのですが、後継者はスペシャリストではなくゼネラリストであることが望ましいので、あまり専門的な分野には就かせないのがベターです。理想をいえば、金融機関とか商社や広告代理店など、さまざまな業種と取引ができ、お金のことや実務のことなど、総合的に仕事が学べる企業を推奨します。私が調査したなかでは、日本の老舗の多くが、子どもたちにはまずこういった総合的業種で働かせ、仕事のいろはを学ばせていました。

専門的な職業に就かせることのリスクは、本人のなかで「この専門職で食べていきたい」という気持ちが芽生えてしまう点です。

一例を挙げると、専門職をしていたご子息を、後継者候補として自社へ呼び戻そうとしたところ、「専門職をしながら社長も兼業したい」と言われた社長を知っています。

この後継者の要求は非常に高リスクです。社長業とは片手間でできるものではありません。別の仕事をもっていて、ほとんど会社には顔を出さず役員報酬をもらっているなどとなったら、働いている社員にとって不愉快極まりない話です。

引き継がせるのであれば、専門職をきっぱりと諦めさせて、事業承継する必要があります。もし諦めさせることができないのであれば、子どもには子どもの人生があるわけですから、社長側が潔く引き下がるべきです。ほかの後継者候補探しに切り替えましょう。

ともあれ、子どもを後継者とするなら、専門的な仕事には就かせないのが無難です。ほかに推奨できない業種としては、例えばテレビ局のような華やかな仕事に就かせると、給料もよくて周りからもちやほやされてと、いいこと尽くめなので、あとを継ぐ気を失ってしまうかもしれません。

また、絶対に就かせないほうがいい職として挙げておきたいのは、社長の経営する会社の関連会社です。取引先などに入れてしまっては、「懇意にしている会社のご子息、跡取りだから」と、これもちやほやされるばかりなのでよくありません。ほかの社員と同列でみっちり仕事を教えてもらえる、自社とは関係のない業種に就いてもらうようにしましょう。

子どもへの理想的な事業承継・社内編

5年ほどの社外での就業を終えたら、いよいよ自社へ招き入れましょう。大学もしくは大学院を出ていれば、この時点で20代後半の年齢になります。

入社したら、営業や製造など、ほぼひととおりの部署を経験させます。特に経理や財務は半年から1年ほどやってもらうようにしましょう。決算書が読めない人間を経営者にするなんて、わざと会社を潰すためにする愚行も同然です。ですから、後継者にも経理全般は徹底的に学んでもらうよう教育しましょう。社外時代に金融関係に勤めていると、この点はかなり心強いです。

社内のさまざまな部署を経験させることは、後継者をゼネラリスト経営者として育てること以外に、ある重要な目的があります。各部署で社員たちと交流するなかで、「将来の番頭」を見つけてもらうのです。要するに、将来後継者が晴れて社長となったとき、その右腕として、番頭として、そばで社長を支えてくれる人物を、部署異動していくなかで発掘しようということです。いうまでもないことですが、将来の番頭とは、なんでもいうことを聞いてくれるイエスマンではなく、後継者を信頼し、会社思いで、ときには意見を衝突させるくらいの熱意をもっている人物のことです。

人材を探しながら、腕を磨き、部署をひととおり巡ることができたら、役員となってもらい、経営メンバーの一角を担ってもらいます。

ここまでで5年程度におさまるのではないでしょうか。後継者の年齢は、35歳くらいといったところです。このタイミングで、いよいよバトンタッチ、本格的な事業承継です。

親である社長は60歳から70歳付近と思われますので、社長の体力を加味しても、このタイミングが最も理想的といえます。後継者はゼネラリストとしての能力を十分に養っており、会社の理念やビジョンも浸透していて、経営計画も知り尽くしています。経営チームとして社長のそばで、社長のあり方とやり方を十分に吸収していますから、安心してバトンを渡すことができます。

新社長として先代の築いてきた基盤を大切にしながらも、新しい風を吹かし、会社をさらに盛り上げていく期待を、先代だけでなく関係者全員が大いに抱いて祝福できる事業承継となります。

早期の心掛けが肝心！

私が知っている事例では、士業関係ですでに生計を立てている40歳代のご子息が、親に請われて急きょ会社を継ぐことになったケースがあります。子どもは士業を畳み、経営の学校で社長になるための研鑽を積むこととなりました。社内で一般社員として働かせる時間はないので、社長に必要な最低限の知識をつけたら、即社長に就かせる段取りを強引につくり出したのです。

これはご子息にとっては非常につらい選択だったかもしれません。自分が目指していた野望や夢を捨てて、親のあとを継ぐことを選んだのですから、相当な迷いを経たあとの決断だったと察せられます。こういった事業承継を見るたび、「なぜもっと早く、子どもに事業承継してもらうための準備を開始しなかったのか」と、社長を責めたくなります。

私のように断固拒否されて諦められるのであればいいのですが、諦めきれない社長の場合、子どもとの間で「なぜ継がないんだ」「なぜ今さら言ってくるんだ」と押し問答になってしまい、家族の関係に亀裂が生じてしまうことも考えられます。

子どもに継いでもらいたいなら、早めの準備が肝心です。ここで紹介した理想的な事業承継を参考にしてもらい、社長への順当なステップをなるべく一段一段駆け上がっていけるよう、譲る側がフォローしてあげるようにしてください。

間違った「株分け」が火種となる

「この、たわけ者！」（田分け）

会社形態が株式会社である場合、事業承継は株式の保有バランスにも入念な対策が不可欠です。

仮に、3人の人間が会社株式を3分の1ずつ保有していたとしましょう。そしてそのうちの一人を後継者に指名したケースを考えてみてください。もしほかの二人が共闘して反旗を翻したら、この二人で3分の2以上の株式を保有しているわけですから、ルール上どうあがいても、後継者案は却下されることとなってしまいます。

規模の小さい会社ほど株式の管理が甘く、「株が大きなトラブルの火種となる」という危機感が薄い傾向です。「家族間で握っていれば大丈夫だろう」程度の考えでは、事業承継時に悲惨な結末を招くかもしれないことを肝に銘じておきましょう。

ある会社の社長は、顧問税理士の「節税になるから株価が安いうちに子どもたちに株式を渡しちゃいましょう」という提案から、3人の子どもへ同じ数ずつで株式を分配しました。

子どもが30％ずつで、社長が10％というシェアです。

「はい、これで相続税対策が終わりましたね」というのが税理士の理屈だそうです。確かに節税面では効果が見込めますが、会社存亡の観点では、別の意味で「終わった」ことになります。

もしこのうちの誰か一人を後継者に立てたり、あるいは後継者を決めたりしないまま社長が亡くなったりしたとしたらどうでしょうか。株式を火種として壮絶な後継者争いが勃発し、経営に支障をきたし、会社は破滅の一途をたどることにもなりかねません。

「たわけ者」という言葉あります。馬鹿者とか愚か者に近い意味になりますが、一説によると語源は「田分け者」であるとされています。すなわち、親が子どもたちに同じ面積ずつ田んぼを分け与えてしまう行為は、馬鹿で愚かだといっているのです。

田んぼの面積が小さくなってしまったら、当然のように食い扶持が少なくなるわけで、子どもたちの生活は困窮します。仮に子どもたちの代は糊口を凌げたとしても、さらに孫の代で田んぼを分けるようなたわけた行為をしようものなら、いよいよ生活は困難をきわめることになります。

子どもたちに愛情を等しく注ぐのは親の務めですが、火種まで等しく与える必要はありません。「株分けは火種分け」と心得て、株式の取り扱いは慎重に行いましょう。

後継者にすべて託すリスク

日本は世界一、長寿企業が多い国といわれています。

帝国データバンクの2019年のデータによれば、創業して100年以上の年月を重ねた長寿企業は3万3000社を超えるそうで、これは世界全体の40%ほどのシェアを占めるそうです。さらに200年以上となると、日本は1300社を超え、これは世界の65%と、ほぼ3分の2を占めることとなります。

まさしく、日本は長寿企業が育ちやすい環境の国なのです。

なぜ残りやすいのかというと、いくつか要因は考えられるでしょうが、「争いの起きにくい継承システムが構築されている」のが最も大きいのではないでしょうか。つまり、家業は長男が継いで、ほかは外へ出るという、非常にシンプルで、関わる人たちが納得できる継承システムです。

もちろん時代の移ろいとともに、このシステムは少しずつ形を変え始めていますが、この源流があればこそ、ここまで長く続く企業を日本はいくつも輩出できているのだと、私は分析しています。

事業承継において、特に親族内継承では、火種を撒かぬよう細心の注意を払い、争いのない後継者選びをしなければいけません。社長と後継者だけが納得するようなやり方ではダメです。関わる人すべてが納得した、円満な事業承継にしなければ、成功とはいえないのです。

「それなら、後継者になってくれる子どもに株を全部託してしまおう」

という発想も危険です。

将来の後継者である長男に、会社の株式をたんまり託した社長を知っています。その社長が亡くなり、ご子息が新社長となったわけですが、不幸なことに、彼もほどなくして亡くなってしまいました。

新社長のもっていた会社の大部分の株式は、彼の奥さんとお子さんに半分ずつ受け継がれたのです。お子さんはまだ幼いですから、奥さんがほぼ会社の実権を掌握したようなものです。

奥さんはその後再婚しました。そしてなんと、その新しい旦那さんが、一家の株式の議決権を行使し、会社を承継することが決まってしまったのです。

つまり、先々代の社長から見れば、息子の嫁の再婚相手という、まったく無縁の人間が、事業承継したことになります。

社員みんなで保有し争いを避ける

なぜこのような、先々代の望んでいないであろう結果を招いてしまったのかといえば、やはり株式のシェア方法なのです。

将来の後継者にばかり株を与えてしまうのは、紹介したケースのようなもし万が一の事態を想定すると、決して推奨できることではありません。

経営チームのメンバーや、従業員持株会の組成など、中枢グループだけでなく、社内の人間を中心にまんべんなく株をもたせることが、後継者争いの可能性を減らすための対応策となります。

社員に株をもたせることとは、「みんなの会社なんだな」という経営参加意識を高め、より会社への貢献意欲を高められるというメリットが一般的に挙げられますが、大株主たちによる争いや乗っ取りを防ぐことにもつながるわけです。

ちなみに当社を例としますと、会長の私は35％ほどを保有し、残りは経営チームの役員たちでほぼ均等に分け合っています。

この私の35％という数字は、「特別決議の否決」が行える数字です。例えば会社名を変えたいとか、会社そのものを解散させたいという決議が出たら、私は全力で阻止しにかかりたいので、これだけの株式を保有しています。

それ以外のことにおいては、私は半分以下の保有ですから、多数決になれば負けるわけです。会社で決めたプランに対して、私が非、周り全員が是であれば、みんなの意見が通ります。会長である私の独裁経営になるようなことは絶対にあり得ません。

会社が前途多難となってしまうような無為な争いを防ぎつつ、会社の将来のための白熱した議論が都度展開できる、理想的な株のシェア例ではないでしょうか。

会社は「社長」「会長」「株主」、誰のもの？

「会長＝大株主」だった場合の力関係

これまで述べてきたとおり、会社株式というのは、その会社に対して驚異的な威力をもつ存在です。一人の人間に会社株式を集める行為は、会社の行き先を強引に変えてしまうほどの、絶大なパワーを与えることに等しいのです。

このような事例があります。

とある会社は事業承継を終え、父親である先代は会長となり、ご子息が社長に就任しました。滞りなく成し遂げられたように見えた事業承継でしたが、その後しばらくしてから、問題が表面化したのです。

社長が会長にまったく相談せず、次々と会社の方針を変える施策を進めていったのです。会長としては、自分が大きくしてきた会社ですから、いろいろ口出ししたいのはやむを得ません。社長と会長の間では「親子喧嘩」が絶えなくなってしまいました。

その会長が、いまにも怒りが爆発しそうな切羽詰まった表情で、私にこう質問しました。

「会長と社長、どっちが偉いんですか！」

私は迷わず答えました。

「社長が偉いんですよ」

これは当然の話です。会社のトップは社長です。社長に決定権があり、一方の会長は、自身のもつ経験や知恵や人脈で、社長をフォローするのが役目です。会長には、社長の意見を覆すほどの力はありません。

そのような旨を説明すると、続いて会長は次のような質問を投げかけてきました。

「じゃあ、株主と社長だとどっちが偉いんですか！」

実は、その会社の株式のほとんどを保有しているのは、会長だったのです。

大株主の力は絶大です。その力を行使すれば、社長を辞めさせることも可能です。

「大株主が偉いです」

私はそう答えながらも、次のように続けました。

「ただ、経営的に考えたときには、やはりいちばん偉いのは社長です。本当に経営を変えたいのであれば、大株主が権利を行使することはできますが」

会長は勝手に指揮を執る社長がただただ気に入らないだけで、大株主の権利を行使してまで会社を変える気はないようでした。

とはいえ、大株主が会長であることは揺るぎない事実です。そのあとも意見が衝突するたび、会長に「大株主は私だから、いつでもお前を辞めさせることができるぞ」なんて脅し文句をいわれたら、社長もたまったものではありません。

「誰のもの」ではなく「誰のため」

改めて、会社は、「社長」「会長」「株主」、誰のものでしょうか。

「従業員みんなのものだ」という人もいますが、究極まで突き詰めたら、会社は株主のものになります。シェアがすべてであり、一人の人間が株式を独占していたら、その人が会社を実質的に所有していることになります。

しかし、「誰がいないと会社はなくなってしまうのか」という逆説的な考え方で考えていくと、また違った見方ができます。

まず、現行の株主がいなくなっても、また別の株主が引き継げばいいわけですから、会社がなくなることはありません。

社長がいなくなるとにっちもさっちもいかなくなってしまう、ワンマンな会社もあるでしょうが、なによりいないと困ってしまうのは、やはり、従業員です。

従業員の心が離れてしまったら、いかに株主がいようとも、社長や会長がいようとも、会社経営は続けていくことができないのです。

この観点でいえば、誰が偉いとか、会社は誰のものといった議論は、陳腐なものでしかありません。会社経営においては、「誰のため、何のためにやっているのか」という考えに主軸を置くべきなのです。

従業員が新しい社長についていこうと懸命に仕事をしているのに、会長が権力を振りかざしてちょっかいを出していたら、従業員は戸惑いを隠せません。「船頭多くして船山に上る」のことわざどおり、会社の将来を不安に感じてしまいます。そしてその不安は、お客さまにも伝わるでしょうから、会社全体の評判を落とすことにもつながってしまうのです。

「事業承継は悔しい」を忘れるべからず

さらに悲惨なケースを紹介します。

先代は一代で会社を大きくし、子どもに事業承継し、自身は会長となったのですが、その後会社の業績は下り坂に差し掛かってしまいました。

しかも社長は、経営に口出しをさせないようにと、先代であり父である会長を、会長室に閉じ込める始末です。会長は、社長をはじめ従業員からいっさい声をかけられることはなくなり、経営に関わることができなくなりました。完全なお払い箱です。

堪え兼ねた会長は私のところへ駆け込んで言いました。

「私が社長だったころの売上を一度も超えていない。むしろ落ちていっている。だから社長を変える！」

残念ながら、その会長には社長を変える力はありませんでした。事業承継とともに株式をごっそり後継者へ移してしまっていたのです。これでは、社長の決定に争う術は会長にはありません。

私はその会社の内情もよく知っているのですが、すでに社内の人間たちは2代目についていく意志を固め、盤石な経営体制が築かれていました。会長のいうとおり確かに売上は下降気味ですが、会社経営の中身よりは、時代の流れなど、さまざまな要素が重なっての結果と見受けられます。

中長期目線で見れば、安泰な経営が続けられる会社だと評価できました。少なくとも、新体制になった途端に社員が抜けていってしまう、というような事態は起きていないのですから、社員たちにとってはのびのびと働ける望ましい環境となっている様子です。

一時は揉めに揉めて、社長たち経営陣は、会長を解任しようという動きまで見せていました。結局、弁護士同士の話し合いもあり、本人的には泣き寝入りということなのでしょうが、会長は怒りの矛をなんとか収め、引き続き代表権も何もない、形だけの会長の椅子に座り続けることになりました。

一代で会社を大きくしたわけですから、経営的な能力は先代のほうが優れていたかもしれません。しかし、社員はきちんと新社長についていく意向を見せています。ですから、このままで問題はないのです。この出来事は会長のご乱心でしかありません。

もしこれが、新社長のやり方に社員たちも不満を抱いているのでしたら、我々も協力して、なんかしらの改善策を探していたかもしれません。そうではないのですから、このままがベストの選択肢です。

結局、事業承継とは悔しいということです。先代から後継者へ引き継がれるものは、経営権や株式だけではありません。社員の心が、先代の元を離れていき、後継者へと移っていくことが、真の事業承継であり、100年企業実現への重要ステップです。

先代はグッと堪えて、自分が選んだ後継者なのですから、そのやり方が正しいことになるようなサポートを続けていくべきです。この信念は、絶対に失ってはいけません。

そして、きちんと後継者に意見し争う力をもっていたいのであれば、理念や経営計画の有効活用はもちろんのこと、株式の場合は分け方には十分に慎重であるべきなのです。この点を絶対に忘れずに、誰もが納得のいく円満な事業承継を成し遂げてください。

◆バトンタッチの準備をするための社長の心得④

・永続経営＋事業承継＝社長として100点！
・「社長派」「次期社長派」といった派閥争いを生むのはご法度！
・社内外や親族内外問わず、関わるすべての人が後継者候補！
・後継者は能力よりも、まず人徳で選べ！
・試用期間で後継者にふさわしいかの見極めを！
・株のシェアにも気を配るべし！

第5章

社長の覚悟が引退後の会社の未来を切り拓く！

「家族がいちばん大事」の盲点に気をつけて！

会社に親族を入れることの強みと弱み

会社は、立ち上げ直後の段階では、身内に頼るケースが多い傾向にあります。例えば、配偶者に経理を任せて、自分が社長をする、という立ち上げはオーソドックスなパターンです。さらに親戚に営業の一部門を任せるなど、親族で固めて会社を大きくしていくところもあります。

人材が不足しがち、でも、やらなければならない業務や手続きが途切れることなく待ち受けている。それが立ち上げ当初というものです。猫の手も借りたいような状況で、身近な人に助けを求めることは、合理的で真っ当な経営のやり方といえます。

しかし、親族に頼ってばかりで、親族だらけの組織づくりをすることには注意が必要です。まして、組織の上部を親族だけで固めたり、親族間で株式を分散させたりしてしまうと、思いもよらぬ抗争を生むことがあります。

「私情」の多い会社は腐る

社長が自社に対して思い入れを強くしていくのは当然のことですが、立ち上げ当初から協力してきた親族たちもまた、会社に対して特別な感情を抱いていくものです。なかには「私が実質的にこの会社の実権を握っている」という錯覚を起こしてしまう人もいます。

過去に受けた相談では、「社長は私なのに、いちいち親族の顔色をうかがわないといけない」と頭を抱える社長がいました。その社長が経理を任せていた親族は、社内に気に入らない人がいると「あいつは私に歯向かうから、辞めさせてくれ」と社長に提言してくるのだそうです。また、経営方針を固めるため試算表を毎月出さないといけないのに、「そんなの決算までに出せばいいでしょ」と一蹴され、作成を拒まれてしまうのだとか。社内業務に関するすべての裁量は社長にあるはずなのですが、まったく頭が上がらない様子でした。「社長命令だから」と諭したいところなのですが、立ち上げ当初から手伝ってもらっている恩義もあって、強く出ることができないと嘆くのです。

これは親族に限った話ではないのですが、立ち上げ当初から会社に在籍し、現在も組織の幹部クラスにいる身内は、「マイカンパニー」発想をもってしまうことがしばしばあります。この方の親族もまさにマイカンパニーの発想で、自分には強い決定権があると勘違いをしてしまっているのでしょう。

こういった幹部の私情ばかりが飛び交う会社というのは、社員にとって居心地のよいものではありません。社員の離職率は高くなりがちで、会社の成長にはストップがかかってしまいます。身内だけで切り盛りしていくのであれば問題ないでしょうが、規模を大きくしていくとなると、マイカンパニー発想の人が多い会社は、暗礁に乗り上げる結末が多い傾向です。

親族トラブルに巻き込まれた会社の末路

会社に携わっている親族間でトラブルが発生し、長い時間をかけて、問題を解決していったケースを紹介します。

ある同族経営の会社は、事業承継にともない前社長の長男が後を継ぎました。会社には長男のほか、長男から見ておじやおばといった親戚も、役員として在籍し、株式もそれぞれが数%ずつ保有していました。

会長として会社を支えていた先代が亡くなり、長男が名実ともに組織のトップになったとき、親族間での「内乱」が勃発しました。おじやおばたちが、甥っ子に当たる社長に反旗を翻したのです。

社長が私のところへ相談に来られたときは、本当に悲惨な状況でした。先代が目の黒いうちは仲良しを装っていただけで、現在は敵意剥き出し、ただただ社長の足を引っ張るばかりだというのです。社長の命令にいっさい従わず、社長の新しいアイデアにはことごとく反対するというのですから、始末に負えません。

彼ら反対派は、先代の長男が会社を継ぐことに、内心納得がいかなかったのです。株式のシェアについても、親戚の合計保有数のほうが勝っているので、社長は対抗する術がありませんでした。

親族内の不穏な空気のせいで、会社の雰囲気は悪くなる一方です。役員の親戚たちは「なんとかあいつを社長の座から引きずり落とそう」と、わざと会社を赤字にして社長に責任をなすりつけることに躍起となっています。経営のお荷物となり、ひたすら役員報酬を受け取るばかりです。

ついには、将来に不安を感じた社員が続々と辞めるようになってしまいました。残った社員のモチベーションも下がり、先代が健在だったころは黒字続きだった経営状況が、一気に赤字へと転落してしまいました。

「このままでは、父から引き継いだ会社を諦めないといけません」

親族間での解決は難しいと感じ、私に依頼してきたのです。

やるべきことはただ一つでした。親族が握っている株をすべて社長に移し、親族には会社から出てもらい、すべての権限を社長が握ることです。

私たちが間に入り、親族の方々から株を買い上げる交渉を行いました。しかし親族もそう易々と株を手放すはずがありません。「先代の思いが詰まった会社の株だから、もっていたい」「会社の役員として勤めあげたい」と言って、なかなか首を縦に振ってはくれませんでした。価格が決まらなければ、最終的には裁判所の判断を仰ぐことになりますが、これには相当な時間と労力を要します。

私たちが根気よく交渉を続けた結果、ようやく会社からすべての親族を外へ出すことに成功しました。現在は社長だけが、先代の血縁者ということになります。

「血抜き」が終わった途端、会社の業績は右肩上がりとなり、あっという間に黒字へと転換することができました。時間は要しましたが、これで会社の将来に不安を抱いていた社員たちも、最良の環境でのびのびと仕事に取り組むことができます。

この一連の親族間の抗争は、先代にとっては望まない予期せぬ出来事だったはずです。「あいつが会社を引き継ぐなんて許せない」という、まさにマイカンパニー的な発想が招いた悲運の騒動だと思います。親族間で組織の上部を固めると、このようなケースが多発しやすいのが悩みの種です。

老舗に学ぶ正しい同族経営

会社が大きくなり人材が増えるにつれて、マイカンパニー発想をもつ身内は、会社の足を引っ張るお荷物にもなりかねません。

できれば、会社が安定期に入ったころに、身内には会社から出ていってもらうことが望ましいことになります。それができないのであれば、社長がコントロールできるような仕組みづくりをするべきです。例えば株をもたせないようにするとか、役員に就かせないといった対策が効果的です。

「親族関係は会長と社長だけ」と決め、徹底してほかの親族を入れない長寿企業もあります。多くの老舗が、このような調整を入れることで、親族間のトラブルを起こして経営に悪影響を及ぼす失態を犯すことなく、息の長い経営を達成しているのです。

また老舗は、理念の浸透や経営計画を、知った仲だからとなあなあにせず、徹底して実践しています。私情が入り込んでしまい、どうしても社長の命令に従おうとしない人がいても、理念や経営計画が創業者の分身となって目を光らせてくれます。「あいつを辞めさせたい」とか「その仕事はやりたくない」といったわがままが出てくる事態を防げるのです。

「昔はあんなに仲が良かったのに、なんでこんなに犬猿の仲になってしまったのだろう」というケースはこれまで嫌というほど見てきました。

私情が経営の邪魔をする理由は、一つは先ほどのような事業承継によって納得いかない勢力が反旗を翻すところから始まります。

もう一つの理由としては、時間が経つにつれ、社員それぞれに家族ができることに起因します。

創業したてのころは会社が第一だったでしょうが、安定期になり家族をもつと、家族を守ることが最優先になります。

すなわち、会社の発展よりもまず、自分の地位が安泰であることを願うのです。そのせいで、それぞれの思惑というものが台頭し、それが私情となってぶつかり合うということです。兄弟やいとこや同窓生など、近い世代同士で会社を興したパターンで、このような抗争は起こりがちです。

家族がいちばん大事というのは、とても自然で真っ当な感情です。「社員も含めて家族」という発想をもつ社長は多いことでしょうが、組織の一部となっている身内はそうとは限らないことを覚悟しておきます。「立ち上げ時の仲間もいずれ、会社よりも家族になる」と創業当初から覚悟し、身内間の争いが勃発するリスクを抑えるため、早めの対策を講じるようにします。

老舗企業は、このリスクを長い経験のなかで知っているので、理念や家訓を根幹に置いた経営を貫いているのです。

経営の「一本足打法」は危険、引退後も成長を続ける会社へ

時代は常に前へ進んでいる

2020年に始まったコロナウイルスによる脅威においては、各企業にテレワークの推進が図られました。しかし、その達成度としては決して芳しくはなく、テレワークを徹底し

社員の安全と感染予防に対処するところ、そんなことは知らんとばかりに、社員を引き続き通勤させてコロナウイルス感染の危険にさらすことを平気でするところ、きっぱりと分かれました。

前者は時代に応じてきちんと会社に変革をもたらせる素晴らしい会社です。生き残っていく術を知っています。一方の後者は、「コロナが終息すればまた元の時代に戻る」と呑気なことを考えている、短命企業にありがちな思想の会社です。

コロナウイルスは、10年先に待っていた未来を一気に手繰り寄せたともいわれています。つまり、現代のテレワークや遠隔会議といったものは、コロナウイルスに関係なく、10年先の未来では当たり前のように推進導入されているということです。

刻一刻と変容する状況にすぐ対応するべきなのに、これまでのやり方を変えられない人というのは、時代の流れについていけていないことを意味しています。そして、時代についていけていない企業は、いずれも滅んでいます。例外はありません。

時は常に前へ進み続けています。時代が、元に戻ることなどあり得ないのです。今も昔も変わらず愛され続ける老舗ほど、こういった未曾有の事態や時代の変革には敏感であり、いち早く対策を講じています。そのような危機感とスピード感をもち合わせなければ、100

年企業などもってのほかなのです。

「時代の変革についていけない企業は、さっさと潰れればいい」と言いたいわけではありません。時代の変革が激しいときにこそ、会社に新しい風を吹かすべきです。一つの事業にこだわるのではなく、広い視野をもって対応していく姿勢を、社長は取るべきです。その具体的な行動を、社長の経営計画の最優先事項の一つとして書き入れるべきなのです。

決断力で未来をこじ開ける

時代の潮目においても何もできない社長というのは、優柔不断な性格の方がほとんどです。

「社長、こういうときだからこそ、新しいことに挑戦しましょう！」

今回のコロナにおいてもそうですが、震災被害に遭ったときや、リーマンショックのような経済危機のとき、私はコンサルティングしている会社の社長にチャレンジ精神をもってもらうよう提案をしています。

「いや、でも、今は会社がどうなるか分からない厳しいときだから」

と濁すような社長では、会社は常に不安定なまま、下降線をたどることになります。

一本足打法で、一つの事業だけを熱心に続けるのはいいことです。しかし時代が変わったとき、その事業も引き続き同じだけの売上が望めるかというと、そうならないことがほとんどなのです。

ＩＴ化の推進時代には、これまでのやり方に固執するアナログな会社から順に次々と振り落とされていきました。一方で、過去の事業を柱としつつも、新しい足を増やして事業展開することで、生き残ったところもあるわけです。

当社も、15年ほど前にＩＴ部門を新設しました。すぐには芽が出ませんでしたが、少しずつ時間をかけていくことで、在宅ワークの仕組みやＲＰＡ（ロボティック・プロセス・オートメーション）の導入対応に強みをもつ部門となり、今では当社を支える心強い事業の足の一本となってくれています。

「よし、やってみよう」と、あのとき決断できなかったら、こうはなってくれませんでした。

決断して新しいことに挑戦する前向きな力は、不安な時代ほど、社長が率先して発揮していくべきです。一つの商品、一つの売り方、一つのエリアだけ、という一本足打法はいけません。常に足を増やしていく意識をもちましょう。

「お困りごとはありませんか？」から生まれる新発想

新しい足を増やすためのアイデアが思いつかないのであれば、お客さまにダイレクトにこう尋ねましょう。

「何かお困りごとはありませんか？」

ある不動産関係の会社は、リーマンショックで倒産寸前の憂き目に遭いました。

とにかく何か新しい事業を立てて、利益を出していかないといけません。そこで取引先であるマンション管理会社の営業員に「何かお困りごとはありませんか？」と尋ねました。すると営業員から「お客さまからあずかって管理するお部屋の入居時に、入れ替えのメンテナンスをいろいろするのですが、各所に見積もりを出すのが大変で」というお困りごとが即座に返ってきたのです。

「これだ」と確信したその会社の社長は、さっそく入居時のメンテナンスを一手に引き受ける事業を展開しました。これが予想以上の成果を出し、リーマンショック後の混迷のときを乗り越えたのです。

このように、お客さまからお困りごとを引き出すことで、新しい事業が生み出され、会社のポテンシャルを引き上げるケースも多数あります。事業展開の発想の源として、定期的にお客さまの意見を集めるようにします。

失敗がワクワクになる・成功になる

もう一つ、事業の足を増やすうえで心掛けたいのは、「失敗を恐れない」ことです。失敗は成功の元とはよくいう話で、失敗のなかにしか成功はないと思って、何事にも果敢にチャレンジしていくべきです。

成功している会社というのは、その成功の背景でたくさんの間違いを経験しています。幅広く生活用品を開発するアイリスオーヤマ株式会社は、年に1000を超える新商品を世に送り出しています。そのなかからヒット商品にまでのぼり詰める物はほんの一握りです。このたくさんの失敗と一握りの成功の末に、過去3年間で開発した新商品が売上の6割を占めるという営業実績を実現しています。

同社の活躍は、たくさんの失敗のうえに成り立っていることは間違いありません。失敗を乗り越えた先にある成功を手にしているのです。

失敗を恐れず、新しいことを考え発信し行動していく姿勢は、社員たちにとってのワクワクになります。ですから当社でも、社員には常に新しいことを考えてもらい、発表してもらう機会を設けています。

一方で、「新商品は効率がよくない。コスト的に優れていないからやらない」と、新しいことへの挑戦を拒否する社長もいます。これでは時代に太刀打ちできないことは明白ですし、働いている社員たちは仕事に楽しさを見出せません。時代からも、社員たちからも、確実に見放されます。年々業績が落ちていくことは当然の話なのです。

実際に事業の新しい足になるかどうかは抜きにして、会社を活気づけるためにも、失敗を恐れず新しいことを提案しチャレンジしていく姿勢は、会社全体で貫いていきたいことです。

社長の引退宣言が社員の意識を変える

事業の足を増やし新しいことにチャレンジする一方で、事業承継のための後継者探しや育成も着々と進めていきましょう。

もっと厳密にいえば、「いつまで」に引退し後継者へバトンを渡すのか、その時期を明確にするのです。そのバトンタッチまでの全行程を、社長の心のなかに留めておくのではなく、経営計画にも明示し、社長自ら社内外に向けて高らかに宣言することがポイントです。

人は、目先のことにとらわれてしまい、中長期的なプランは後回しにしてしまいがちです。社長もその例外ではありません。日々の業務に追われたり、時代の変革への対応に忙殺されて、後継者探しや後継者への指導を怠ってしまうことが多々あります。

しかし、事業承継というのは、社長にとって最重要のミッションです。いくら時代に適応した前衛的な会社であっても、真っ当な後継者がいなければ末長い繁栄は叶いません。

事業承継の期限を設け、具体的な行動を明確にしていれば、そのとおりに動かないわけにはいかなくなります。「やらずにはおれない」と自分を追い込むためにも、社長交代の時期は高らかに宣言しましょう。

事前に宣言しておくことで、社員たちの意識も様変わりします。「うちの社長は、自分の世代のことだけでなく、次のことまで考えてくれる」と、ベテランから若手まで、みな一丸となって、会社の成長のための努力を惜しみなく発揮してくれるのです。

究極のことを言ってしまえば、社長に就任した瞬間、「私は〇年後に社長のイスを後継者へ譲ります」と引退宣言できるような会社が、100年も200年も安泰経営を続けられる理想の会社ということです。

「敬い」や「温かさ」が会社の熱量になる

家庭がうまくいっていない社長は、会社もうまく経営できない

経営がうまくいっておらず、私のところへ相談にくる社長の傾向として、会社だけでなく家庭内も順調でないことが挙げられます。

あくまで傾向ですから、絶対とはいえません。家庭がうまくいっていても、会社はうまくいっていない、という人ももちろんいます。

しかし、家庭すらろくに守れない人が、社員やお客さまの幸せを守れる、順風満帆な会社経営などできるものでしょうか。

こういうタイプの方からご相談を受けるたび、「まずは家庭内の揉めごとから解決しましょう」と提案することも多々あります。家族が会社内の経営に入り込んでいたり、株式を保有したりしている場合は、なおさらこれらが優先事項です。

家庭内がうまくいっていないせいで、精神的負担からつい会社で怒鳴り散らしてしまったり、社員の提案になんでもかんでも真っ向から否定したりしてしまう、という社長は多

いようです。公私ともに泥沼に陥る典型的なパターンです。

ですから、家庭内で何か揉めごとや悩みごとをもっていたら、まずはそこへ切り込んでいき、解決すること。これが結局は会社経営を安泰にし、長持ちさせるのです。「仕事で忙しいから」と、家庭内のゴタゴタから目を背けるようなことは、絶対にあってはならないのです。

家族を敬い尊ぶ愛が人徳となる

100年続く会社の礎をつくる社長に、絶対に欠かすことのできない能力とは、求心力やカリスマ性でなく、先を見通す力でもなく、やはり人徳だなとつくづく感じます。

人徳以外のことは後付けや、もしくは理念などで補うことができますが、人徳だけはどうしても変えていくことができない、人間の本質的な部分です。

人徳とはどこからやってくるのか。これはとても奥深いテーマであり、それだけで1冊の本が出来上がってしまいます。ここでは私が思う、人徳を養うのに大切なことを、私なりの観点で紹介します。

家族を大切にできる人が、人徳のある人だといえます。

身近な人とうまくいっている人は、社員に対しても優しく敬いをもって接することができ、良好な間柄を築けます。自然と、人を引き寄せる人徳のある人になれるものです。家族と共有する時間をなるべくたくさんつくり、家族の話をよく聞き、関係は常によい状態を保ちます。

これと同様の意味合いで、お墓も家族の一員として大切にすることを推奨します。私の知っているある一流大企業のトップも、お墓を大切にし、月1回以上のペースで墓前に手を合わせに参られています。血のつながった家族でなくても、先代やお世話になった人のお墓にお参りに行くのは、敬いの気持ちを育む重要な機会となり、人徳形成の一つになります。

社長論ではなく、教育論の話になりますが、親から愛を徹底的に注いでもらった人には、自然と人徳があふれ出ています。子どもを人徳あふれる人物に育てたいのであれば、当然のことですが、愛情は欠かせないわけです。

読書で育む温かい心

もう一つ、人徳の高め方として、読書があります。これまた当たり前のことかもしれませんが、読書は人生をより豊かなものにするうえで貴重な教材となってくれます。

一般に読書を通して身に付く温かい心が、真っ当な生き方を目指す道徳観や、社会のために貢献する価値観を養わせ、人を幸せにするための思考過程や行動基準を身に付けさせます。

自分の興味のある本を手に取り、物語やエッセイや詩集など、好きな著者の作品に浸りましょう。

「読書よりも、実地で学んだほうがいい」「本ばかり読んでも、頭でっかちになるだけだ」という考えの人もいるようですが、私は賛同しかねます。

読書から得られるものは、知識や教養だけではありません。

人生は有限であり、実地で学ぶにしても1日24時間しか与えられておらず、得られるものには限界があります。

しかし読書であれば、著者が文字に書き起こした人生経験を学びとることができ、読んだ時間の何倍もの収穫を手に入れられるのです。遠く離れた人や、過去に生きた人の、研ぎ澄まされた思想や生きざまを吸収できるのですから、読書が人徳形成に多大な影響を与えることに間違いありません。

昨今、本を読まない人が増えているのは残念なことです。読書をしないと、温かい心がなかなか身に付かず、徳が高まりにくいように感じます。

ですから、読書の時間はなるべく設けてください。「もう自分はだいぶいい年齢になってしまったから」なんて思わず、今からでも本を読むことをお勧めします。

「楽しくなりたい」「幸せになりたい」が万人の願い

当たり前のことを、当たり前のように実践しよう

この世に生きるすべての人が望んでいることは、楽しくて幸せな人生です。楽しくて幸せな人生が送れる場所に、人は集まり、長い繁栄を続けることができます。

つまり、100年続くような長く親しまれる会社を目指すのであれば、関わる人すべてが楽しく幸せな毎日が送れるよう、社長は常に考えて行動すべきということです。

「家族を大事にしろとか、本を読めときて、今度は楽しく幸せな人生を望めときた。当たり前のことじゃないか」

と思われるかもしれませんが、この当たり前なことすら実践できない社長が大勢いるのです！

ですから、私は本書の最後に強調しておきたいのです。

これからは、常に意識して、これら当たり前のことが、本当に無意識に当たり前のように実践できるようになるまで、徹底させていってください。ここでは、社長だからこそできる「みんなが楽しく幸せになれる方法」を、いくつか提案します。

意識して感謝の言葉を伝える

「今週、ありがとうを100回言った方は挙手してください」

私は経営者の方々を前に講演するとき、このような質問を投げかけます。手が挙がることはまずありません。

100回どころか、1日の中で1度たりとも感謝の言葉を周りに伝えない社長はたくさんいます。過去の私もその一人で、家族にも社員にもお礼の言葉を発することは、皆無といっていいほどしていませんでした。その理由は、照れ臭いわけではありません。「ありがたいと思っていない」から言わなかったのです。これでは家族の関係もギクシャクしますし、会社の雰囲気もよくなりません。

そこで、変わるきっかけをと思い、意識して「ありがとう」を言うようになりました。最初は心からの感謝の気持ちではなく、口先だけの「ありがとう」でしたが、続けているうちに自分の内面がみるみる変わっていくことに気づきました。みんなが笑顔になる回数が増えたおかげで、こちらもうれしくなりましたし、些細なことにも感謝の気持ちを抱くことができるようになったのです。

感謝されたら、誰もが嬉しいし、幸せな気持ちになれます。私が「ありがとう」と言うことで、幸せになれた周りがさらにほかの人へ「ありがとう」と言うようになり、感謝が感謝の輪をつくり、みんなが幸せとなれる素晴らしい循環が生まれました。私も感謝される機会が増え、楽しく幸せな毎日へと周りの景色が変わっていくのを実感し始めたのです。

今では当たり前のように「ありがとう」を連発していて、逆にありがたみが薄くなってしまっているのではないかと感じるくらいです。しかしそのくらい、自然と感謝の気持ちを伝えられることが、大切なのだということです。

採用基準を理念ベースにする

「楽しい」「幸せ」だと感じられるためには、働きやすい労働環境は欠かせません。「働きやすい環境をつくれている」と思っていても、それは社長の思い込みかもしれません。きちんと社員に尋ねていますでしょうか。社員から要望を吸い上げることができていますでしょうか。

社員が幸せになってくれれば、幸せな社員がさらにお客さまの幸せのためを第一に考え動いてくれます。社員が幸せになるための前提としてポイントとなるのが、採用の段階で、自社で働くことで幸せになれそうな人を選ぶことです。これはつまり、その人の能力や資質の話ではなく、会社の理念に合うかどうかの基準で人を採用するということです。

私もかつては能力重視で社員を選んでいたのですが、この採用基準の悩みどころは、会社の理念に合わないタイプの社員を採用すると、社内の価値観に同調しづらいため、楽しく働くことができず、やる気が落ちてしまう点でした。社員にとっても、会社にとっても、お客さまにとっても、これほどの不幸はありません。

そこで採用時は理念をより重視するようになり、就職希望者には必ず「我が社の理念に共感し、理念に基づいて行動してくれますか？」と問いかけるようにしています。当社の理念に合う人を選ぶことで、楽しく幸せに働いてくれる社員が集まり、働きやすい労働環境を実現させることができるからです。

従業員満足度調査を行う

より社員が働きやすい環境を実現するため、社長の実践方法としてお勧めしているのが満足度調査です。全従業員にアンケートを実施して、「当社の一員として満足していますか」と問いかけましょう。回答項目は「非常にそう思う」「そう思う」「どちらともいえない」「そう思わない」「まったくそう思わない」「分からない」の6段階程度が適切です。

「従業員にアンケートなんて、もしバッシングの嵐だったら……」

と尻込みする臆病な社長もいるのですが、「そう思わない」や「まったくそう思わない」ばかりで不満が多いという結果が出たのであれば、不満な点を吸い上げて、改善すればいいだけです。改善を繰り返していけば、必ず満足度の高い会社になれ、社員たちが幸せになれます。

当社でも、調査会社に依頼し、定期的にアンケートを実施しています。結果は全社員に公開し、「みんなでよくする方法を考えましょう」とお願いしています。

社員からの本音をダイレクトに吸い上げるには最適な方法なので、ぜひアンケート調査実施を視野に入れてみてください。

◆バトンタッチの準備をするための社長の心得⑤

・会社の規模拡大とともに、社内へ入れる親族も絞っていくこと！

・「お困りごとはありませんか？」で新たな道を拓け！

・「社長就任、即引退時期宣言」が理想！

・家族を大切にすることで人徳は高められる！

・社員の幸せを誰よりも願い、感謝の言葉を忘れるな！

おわりに

ＮＡＳＡ（アメリカ航空宇宙局）は、「人類の手によって宇宙の全貌を明らかにしたい」「人類を安全に宇宙へと送り届けたい」という旨のビジョンや理念のもと、アイゼンハワー大統領の意向によって１９５８年に発足しました。

当初は大それたプランと目され、ビジョン実現までの道のりは遠く険しいとされていたＮＡＳＡの宇宙開発計画ですが、理念に同調する協力者が次々と名乗りを上げ、組織は着実に規模を大きくし、宇宙開発技術は著しい発展を遂げていきました。

アメリカ合衆国初の有人宇宙飛行となったマーキュリー計画に始まり、１９６９年の月面着陸を達成したアポロ計画、初の宇宙ステーションとなるスカイラブ計画、さらにスペースシャトルや無人探査機の開発など、人類の宇宙探索の先駆者として、ＮＡＳＡは現在も名を世界に轟かせています。おそらくこれから先１００年も、ＮＡＳＡはそうあり続けることでしょう。

これらの偉業や盤石な組織体制は、発足当初の強い理念とビジョン、そして各員に与えられた大小さまざまな経営計画（NASAは会社ではないので、経営計画よりは開発計画と呼ぶのが適切ですが）の達成がなければ、成し遂げられなかったのではないでしょうか。

このような逸話があります。

NASAに研修で訪れた方が、施設内で清掃をしている人にこう尋ねたそうです。

「あなたは何のために掃除をしているのですか？」

普通であれば、「汚れているから掃除しています」とか、あるいは「給料のためです」と殺伐とした答えが返ってきます。

しかしNASAの清掃員はこう答えたのです。

「私は、人類を宇宙へ届けるため、掃除をしています」

これぞまさしく、100年続く組織の真髄を反映した回答です。

NASAに関わるすべての人間が、理念とビジョンを正しく理解し、自身に与えられた計画を把握しているからこそ、責任とやりがいをもって取り組むことができているのです。

当社もNASAのようであってほしいと願っています。

当社ではコピーを取ってくださるパートの方を雇っています。その方に、「あなたはなぜ私の会社でコピーを取っているのですか」という質問を投げかけたとして、「100年企業をつくるためです」と、自信とやりがいに満ちた笑顔で答えてくださるような、そんな会社を目指し続けて、現在に至っております。

当社と関わりをもっている、安定した経営と円満な事業承継を目指すすべての会社も、全従業員がワクワクしながら、理念やビジョンを明確に胸に抱き、恵まれた組織体制のなかで仕事に励んでほしいと願っています。

そのためにも、当社は100年企業づくりの先駆者として、本書で紹介してきたようなエッセンスを、一人でも多くの社長に届けて参ります。そうすればきっと、日本はさらに、100年も1000年も続くような、長寿企業の多い国になってくれることでしょう。

本執筆に当たっては、河合社長と長倉さん、そして当社の田島取締役には、たいへんお世話になりました。

本書が、多くの方々の永続経営の基盤となってくれることを願って、本書の執筆を終わりたいと思います。ありがとうございました。

藤間秋男

著者プロフィール

藤間秋男（とうまあきお）

TOMAコンサルタンツグループ株式会社 代表取締役会長
TOMA100年企業創りコンサルタンツ株式会社 代表取締役社長
100年企業創りコンサルタント。公認会計士。税理士。中小企業診断士。行政書士。

1952年東京生まれ。慶應義塾大学卒業後、大手監査法人勤務を経て、1982年藤間公認会計士税理士事務所を開設。2012年より分社化して、TOMA税理士法人などを母体とする200名のコンサルティングファームを構築。100年企業創りと事業承継をライフワークとし、関連セミナーを1500回以上開催。老舗企業を集めたイベント「100年企業サミット」を主催するほか、雑誌やテレビ等で老舗企業取材も多数経験。著書に『中小企業のための成功する事業承継 心得88』『どんな危機にも打ち勝つ100年企業の法則』（ともにPHP研究所）、『永続企業の創り方10ヶ条』（平成出版）、『2時間でざっくりつかむ！ 中小企業の「事業承継」はじめに読む本』（すばる舎）などがある。元日本青年会議所議長・委員長、ニュービジネス協議会会員、東京中小企業同友会会員、東京都倫理法人会幹事長、元盛和塾会員、日創研経営研究会会員。

本書についての
ご意見・ご感想はコチラ

社長引退勧告
～１年以内に次期後継者を決めなさい～

2021年9月22日　第1刷発行

著　者　　藤間秋男
発行人　　久保田貴幸

発行元　　株式会社 幻冬舎メディアコンサルティング
〒151-0051　東京都渋谷区千駄ヶ谷4-9-7
電話　03-5411-6440（編集）

発売元　　株式会社 幻冬舎
〒151-0051　東京都渋谷区千駄ヶ谷4-9-7
電話　03-5411-6222（営業）

印刷・製本　瞬報社写真印刷株式会社
装　丁　　弓田和則

検印廃止

Printed in Japan
ISBN 978-4-344-93259-3 C0034
幻冬舎メディアコンサルティングＨＰ
http://www.gentosha-mc.com/